J.-B. PIOLET et Ch. VADOT

L'Église Catholique
dans le Continent Noir

L'ÉGLISE CATHOLIQUE

DANS LE CONTINENT NOIR

L'ÉGLISE CATHOLIQUE
dans le Continent Noir

PAR

J. B. PIOLET et Ch. VADOT

PARIS
LIBRAIRIE BLOUD ET Cⁱᵉ
7, PLACE SAINT-SULPICE, 7
1908

L'Eglise Catholique
dans le Continent Noir.

Nous entendons ici par Continent Noir cette vaste partie de l'Afrique qui s'étend entre l'Abyssinie, l'Egypte, la Tunisie, l'Algérie, le Maroc au Nord, la colonie du cap et Madagascar au Sud. Là, en effet, semble se concentrer et s'être réfugiée la race nègre, et c'est là qu'ont surtout porté, — Madagascar exceptée — les efforts de nos Missionnaires, au cours de la seconde moitié du xixe siècle.

Ces populations barbares et délaissées n'avaient auparavant reçu la visite que de quelques rares prêtres européens, venus pour assurer le service religieux à leurs compatriotes, établis sur les côtes. A l'occasion, ces prêtres s'occupaient bien des malheureux noirs venus de l'intérieur. Mais aucun n'osait s'aventurer, — les Jésuites exceptés, qui avaient fondé jadis au centre de l'Afrique d'importants établissements, bientôt ruinés, — dans des régions, que l'on continua à marquer sur les cartes géographiques sous le nom de « Pays inconnus, Contrées peu connues », dont les montagnes et les fleuves recevaient des appellations fantastiques : « Montagnes de la Lune, etc. », et dont les habitants passaient pour anthropophages et cruels.

Ce n'est qu'au siècle dernier que les peuples européens furent entraînés vers ces régions mystérieuses, y ouvrirent des chemins, forcèrent à la paix des tribus trop belliqueuses et abolirent les coutumes les plus dégradantes et les plus sanguinaires. Le meilleur résultat de cet élan irrésistible fut, malgré bien des déceptions, des contretemps, des accidents et des fautes, malgré l'inévitable cortège de misères et d'imperfections que l'action de l'homme traîne après elle, que le Christianisme fit son entrée dans le Continent Noir.

L'assaut était donné, mais il fallait des troupes de renfort. Elles vinrent plus nombreuses qu'on n'aurait pu l'espérer. D'abord les Pères du Saint-Esprit prirent pied sur la côte occidentale ; les Oblats de Marie-Immaculée pénétrèrent au Natal. Puis vinrent les Prêtres des Missions africaines de Lyon ; de Notre-Dame d'Afrique. ou Pères Blancs, fondés, en 1868, par l'illustre cardinal Lavigerie, et destinés à prendre très rapidement une part brillante dans l'évangélisation du continent ; les Oblats de Saint-François de Sales, de Troyes ; les Prémontrés, les Prêtres du Sacré-Cœur de de Saint-Quentin qui viennent de s'établir au Congo belge ; les Jésuites, les missionnaires de Scheul-les-Bruxelles. Des Missionnaires de race allemande ont suivi leurs compatriotes à Togo, au Cameroun, au pays Damara et dans l'Est africain ; l'Institut de Vérone, reprenant ses tentatives antérieures, est chargé depuis 1872 du Soudan égyptien, et les prêtres anglais de Saint-Joseph de Mill-Hill ont reçu des Pères Blancs le Vicariat du Haut-Nil au Nord-Est de l'Ouganda.

Partout, en un mot, le mouvement apostolique, si pénible à ses débuts, s'est développé avec un magnifique élan, et ce n'est pas un des spectacles les moins réconfortants pour le catholique que de voir l'héroïque entrain des missionnaires de tout ordre, de toute congrégation, s'élançant à la conquête du Pays Noir.

CHAPITRE PREMIER

La terre et les habitants.

L'Afrique, cette vaste péninsule qui ne tient à l'Asie que par l'isthme de Suez, aujourd'hui percé d'un canal, est aussi le continent le plus massif du globe. D'aucun côté les océans n'entament fortement ses contours.

Cette forme compacte, ramassée, presque sans découpures, sans baies et sans ports, est une des raisons qui ont le plus influé sur son histoire, en s'opposant aux relations avec le reste du monde avant l'utilisation de la vapeur.

Après une bande côtière, plus ou moins étendue, les terres s'élèvent, et c'est en courant sur des seuils de roches, rapides, chutes et cascades, que la plupart des cours d'eau descendent à la mer : autre difficulté pour pénétrer à l'intérieur.

Ce même aspect massif et rudimentaire des côtes se retrouve partout sur le continent : on dirait que l'Afrique a été moins travaillée que les autres parties du monde. C'est là qu'on voit, plus qu'ailleurs, les grosses montagnes qui surgissent tout à coup, sans préparation au milieu des plaines ; les dépressions lacustres et les bassins fermés ; les longs fleuves « dont la ramure s'étend sur des centaines de millions d'hectares », et qui s'attardent en des marais ressemblant à des terres inachevées ; les immenses forêts vierges et les déserts sans fin ; et, pour répondre à cette nature particulière, des plantes énormes comme le baobab, des animaux aux formes bizarres et démesurées comme la girafe, l'éléphant, l'hippopotame et le gorille.

Cette masse compacte et cette position en travers de l'équateur donnent à l'Afrique une certaine symétrie dans les phénomènes atmosphériques, l'aspect des terres, la formation de la végétation et même la distribution des animaux et des peuples.

Sous l'équateur, les pluies sont fréquentes et torrentielles, l'atmosphère est chargée d'humidité, la chaleur élevée et d'une égalité presque constante. Une énorme quantité d'eau, retenue dans les nuages amoncelés par des vents contraires, se précipite par des orages quotidiens et forme ces vastes réservoirs de l'intérieur d'où s'écoulent les principaux fleuves : le Nil, le Congo, le Zambèze. C'est dans cette zone aussi que s'étend la grande forêt, avec ses lianes infinies, avec sa végétation débordante et toujours verte.

« Ce qui caractérise la forêt-vierge africaine, écrit Mgr Le Roy, où l'on peut passer des jours et des mois sans presque voir un coin du ciel, c'est le silence, interrompu seulement, pendant le jour, par quelques battements d'ailes qu'on entend là-haut, et, du soir au matin, par la musique aiguë des insectes qui chantent. Seulement, de temps à autre, une branche pourrie s'affaisse, un singe pousse un cri, un éléphant passe dans l'inextricable fouillis avec la facilité d'une souris dans un champ de blé. L'homme perdu dans cette masse grandiose de verdure, où aucun point de repère ne le dirige, où nul être ne lui répond, se sent inquiet et malheureux jusqu'à ce que, un coin de forêt ayant été abattu pour l'emplacement d'un village, il retrouve le soleil libre dans un ciel sans fin » (1).

Des deux côtés de la grande forêt équatoriale, jusque vers le 15e degré de latitude nord et le 20e sud, s'étend une double zone où l'année est coupée en saison pluvieuse et en saison sèche, suivant que les vents alizés apportent les nuées dans l'un ou l'autre hémisphère. La forêt a pris fin et l'on n'y retrouve guère la perpétuelle verdure qu'en rubans jetés le long des cours d'eau, ou se pressant dans les vallées, ou s'étageant sur le flanc des montagnes.

Pendant deux, quatre ou six mois, la pluie tombe, parfois durant des journées entières ; mais le reste de l'année, la sécheresse est souvent très dure. Alors le sol se fend, les ruisseaux et les torrents sont desséchés, laissant à nu les pierres de leur lit, plusieurs arbres perdent leurs feuilles et, sur des espaces immenses, les longues graminées qui recouvrent le sol s'étiolent et meurent, préparant un incendie général qui ne manque jamais d'arriver.

Quand le feu a ainsi passé sur les longues herbes et les halliers flétris ou desséchés, bien tristes sont ces espaces noircis qui semblent porter le deuil de la vie : c'est le règne de la mort.

(1) PIOLET, *Les Missions catholiques françaises*, t. V, p. 4. Article de Mgr Le Roy.

Cependant peu à peu, la nature se réveille. La sève remonte dans les troncs aux rameaux brûlés, les herbes repoussent, les feuilles neuves reparaissent. Vienne alors une pluie abondante, et, subitement, tout reverdit dans les solitudes naguère brûlées, les oiseaux se rappellent dans les arbres rajeunis, et, à travers les prairies naturelles, couvertes d'herbes tendres, on voit maintenant circuler les troupeaux d'antilopes, les girafes, les zèbres, comme dans un parc sans fin, où tous les animaux auraient été rassemblés, car les pays de cette zone sont ceux où le gibier abonde, et c'est une de leurs richesses.

Au delà de cette double zone qui commence à la forêt équatoriale et qui finit par un aspect semi-désertique, s'étendent deux autres zones formées « de roches, de graviers, de marnes d'argiles et de sables presque complètement stérilisés » (E. Reclus). Au nord, c'est le Sahara et le désert de Lybie ; au sud, c'est le Kalahari et les solitudes qui l'entourent. Ces deux zones, dont la première surtout est immense, couvrent plus du tiers du continent.

Cette région désertique n'est telle d'ailleurs que parce qu'elle est presque entièrement privée de pluie : les vents y passent, emportant vers l'équateur toute la vapeur d'eau et n'y laissant qu'une atmosphère où le soleil triomphe. C'est le pays « où le ciel est sans nuage et la terre sans ombre ».

Et cependant le désert a aussi ses beautés captivantes, sa grandeur et son attrait. On a comparé son aspect à celui de l'Océan, et cette comparaison est juste : comme sur mer, le souffle capricieux des vents y dessine perpétuellement de longues rides mouvantes sur le sable jaune qui le recouvre ; des dunes aux contours moelleux ou nettement coupées s'y dressent comme des vagues ; des plantes d'un vert foncé s'y traînent, pareilles à des algues ; des arbustes rabougris et épineux s'y groupent en îlots ; et, au loin, des troncs de palmiers qui surgissent ressemblent aux mâts d'une flotte qui aurait sombré ; quelques carcasses blanchies paraissent errer comme des épaves, et, pour achever la ressemblance, des caravanes, pareilles à des navires en marche, traversent les longs espaces en soulevant la poussière.

Nulle part également la chaleur du jour n'est aussi pénible ; mais nulle part la nuit n'est aussi belle, le matin aussi doux, le soir aussi reposant, le ciel aussi lumineux : on vit dans un bain d'air et de lumière.

En réalité, ces déserts marquent, des deux côtés, les véritables limites de l'Afrique, en dehors desquelles on ne trouve plus qu'un sol, un climat, une flore, une faune, et même une habitation, qui ne lui appartiennent pas en propre. Au Nord le littoral maurétanien et la Cyrénaïque se rattachent par tout leur ensemble aux terres européennes d'en face. Au sud la région du Cap est devenue aujourd'hui colonie européenne, par la population, la faune et la flore, comme elle l'était par le sol et le climat.

Ainsi aux deux extrémités du continent, on trouve, avec la vigne et le blé, le bœuf et le mouton, l'Européen fondant des familles et des établissements fixes. Dans les zones désertiques, c'est le règne du dattier, des acacias, des plantes bulbeuses et grasses rampant sur le sol, de l'autruche, du chameau, et des races humaines plus ou moins nomades. La double bande qui suit nous montre la véritable flore africaine, le baobab en même temps que l'hippopotame, l'éléphant, la girafe, le zèbre, quantité d'antilopes, puis l'homme de race noire, vivant de la vie pastorale ou agricole. Enfin, au centre, dans la région équatoriale, ce sont les palmiers à huile, les bananiers, les calamus, les arbres et les lianes des grandes forêts, le perroquet à queue rouge, le gorille et le chimpanzé ; les tribus en villages fixes y vivent presque exclusivement d'agriculture.

Sans doute, cette classification n'est pas uniforme, et les productions d'une bande débordent partout sur l'autre, mais elle est juste dans son ensemble et donne à l'Afrique entière un caractère de réelle symétrie.

La statistique porte la population de l'Afrique de

160 à 200 millions d'âmes, population fort inégalement répartie sur ses 30 millions de kilomètres carrés. Très dense, en effet, sur certains points, en Egypte, en Abyssinie, en quelques Etats du Soudan et aux environs du lac Tchad, dans la vallée du Niger et près des grands lacs de l'intérieur : elle est à peu près nulle dans les déserts du Sahara et du Kalahari, les marais où s'attardent les affluents du Nil et du Zambèze.

Quelle est cette population ?

L'Afrique est le domaine incontesté de la race nègre. Cependant, aujourd'hui, les blancs dominent aux deux extrémités : dans l'Afrique méditerranéenne et dans la region du Cap. Les Arabes sont nombreux à l'Est et au Nord. Dans les vallées du Sénégal, du Niger, du Tchad, du Haut-Nil s'étendent de fortes populations d'un type nègre très caractérisé. Ces tribus au Nord de l'équateur sont en général plus fortes que les individus de race bantou situés au Sud ; elles sont aussi plus laborieuses, plus industrieuses, mieux organisées pour la lutte. Mais elles se sont de plus en plus imprégnées de mahométisme. L'Islam gagne toujours, suscitant de temps à autre de grands conquérants, qui sont aussi d'épouvantables fléaux, comme Ahmadou, Samory, etc.

Telle est l'Afrique considérée dans son ensemble : une terre restée en réserve pour notre époque, et qui se défendait elle-même contre une exploitation prématurée. Parcourue de nos jours par des voyageurs intrépides, elle est ouverte maintenant de tous côtés aux missionnaires, et il n'est pas une partie de son territoire qui n'appartienne à un vicariat ou à une préfecture apostolique.

CHAPITRE II

Les Pères du Saint-Esprit et du Cœur Immaculé de Marie.

Depuis cinq siècles à peu près que les côtes de l'Afrique étaient fréquentées par des peuples chrétiens, la foi n'y avait fait aucun progrès durable. A peine deux prêtres, sur la côte occidentale, en 1840, l'un à Saint-Louis du Sénégal, l'autre à Gorée, quelques centaines de chrétiens dans les comptoirs, et l'immense continent restait toujours inconnu !

Cet abandon lamentable déchirait l'âme apostolique de la Mère Javouhey, cette femme extraordinaire qui a marqué de sa puissante empreinte la Congrégation de Saint-Joseph de Cluny, et laissé un souvenir impérissable au Sénégal aussi bien qu'en Guyane. De tout son cœur elle appelait des prêtres. « Aujourd'hui que je suis revenue de toutes mes surprises, et que je vois les choses de plus près, écrivait-elle à un de ceux qu'elle avait connus en France, j'ai acquis la conviction qu'on peut faire un grand bien en Afrique. Mais les difficultés sont incalculables,... je crois qu'une société de vrais missionnaires est seule capable d'une telle entreprise. »

Or, en 1842, Jacob Libermann, récemment converti du judaïsme, fondait la Société du Saint-Cœur de Marie, qui, le 24 août 1848, fusionnait avec la Congrégation du Saint-Esprit, déjà approuvée du Saint-Siège et reconnue par le gouvernement français. Presque tous ses membres entrèrent dans cette Société, et lui apportèrent un élément de jeunesse et d'ardeur apostolique qui la renouvela. Enfin, comme pour sceller l'union, le P. Monet, le supérieur du Saint-Esprit, ayant été sacré évêque, à l'unanimité le P. Libermann fut choisi pour le remplacer.

Sur ces entrefaites, des négociations s'ouvraient entre Rome et Paris pour la question du clergé colonial, et c'est le P. Libermann qui fut chargé du rapport, base de l'arrangement futur. Entre autres choses, il fut statué que les côtes occidentales d'Afrique seraient partagées en vicariats apostoliques, que le clergé colonial serait augmenté, ainsi que le nombre des paroisses. Le service religieux du Sénégal fut désormais confié aux missionnaires de la Congrégation du Saint-Esprit.

Alors la Mission se développa, en même temps que s'affermit l'autorité française. Celle-ci prit son essor avec le colonel Faidherbe, l'administrateur le plus remarquable que la France ait envoyé au Sénégal. Le premier soin de Faidherbe fut de s'assurer le concours des missionnaires qui ne lui fut pas marchandé. En 1857, ils cèdent leur établissement de Dakar au Gouvernement, et l'on voit dès lors des aumôniers accompagner nos soldats dans leurs expéditions. Infatigable, Faidherbe soumet tour à tour les Maures Trarzas, repousse vers le Niger les hordes d'El-Hadji-Omar, puis se rabat sur le Cayor où quatorze expéditions furent dirigées de 1862 à 1886.

Après les Ouolofs, les Sérères opposèrent à notre action une longue résistance. Enfin ils embrassèrent la foi et la Mission de Joal fut créée.

Les Vicaires apostoliques du Sénégal ont fixé leur résidence à Dakar, dès 1876 ; à partir de cette époque aussi, la religion catholique prend une remarquable extension. Les écoles, avec les Frères de Ploërmel pour les garçons, les Sœurs de l'Imamculé-Conception pour les filles, les hôpitaux, les dispensaires, la construction de la cathédrale, et bientôt l'organisation d'uno véritable paroisse chrétienne, en sont les marques certaines. En janvier 1893, Mgr Barthet y convoqua un synode, le premier de l'Afrique occidentale, qui réunit

22 missionnaires et promulgua des ordonnances, approuvées par le Saint-Siège et devenues le code et la règle de conduite de la Mission.

L'évangélisation du Soudan sénégalais fut reprise en 1888, sur l'invitation pressante du colonel Archinard. Six Pères s'établissent à Kita, centre d'une importante agglomération de Malinkès et de tribus Bambaras. Ces peuples sont fétichistes, ils ont tous au cœur la haine du mahométisme qui, disent-ils, ne leur a fait que du mal. Dans ces dispositions, ils prêtèrent volontiers l'oreille à l'Evangile et se groupèrent nombreux aux catéchismes.

Au bout d'un an, 14 catéchumènes étaient baptisés solennellement, au milieu d'une énorme affluence d'indigènes. On établit des écoles ; on célébra des mariages, la famille et le village chrétiens furent fondés et l'on avait encore l'espoir de pénétrer plus loin dans des pays immenses.

En résumé, le Vicariat apostolique de Sénégambie, auquel est rattachée depuis 1897 la Préfecture apostolique du Sénégal, Saint-Louis et Gorée, compte, en 1907, 15.000 catholiques, sur une population de 4.000.000 d'habitants. Le personnel de la Mission comprend 48 prêtres, européens ou indigènes, des Frères de la Doctrine Chrétienne, 70 Sœurs de Saint-Joseph de Cluny et 30 Sœurs indigènes.

Dans la Préfecture apostolique, dont la résidence du supérieur est à Conakry, il y a 1.950 catholiques.

Le Vicariat apostolique de Sierra-Leone, colonie anglaise, était envahi par les sectes protestantes d'Amérique lorsque les Pères du Saint-Esprit, en 1864, en prirent possession. Aussitôt les cloches des temples et des chapelles des 42 sectes de la ville appellent leurs adeptes. « Il ne s'agit pas, leur dit-on, d'un incendie ou d'une invasion, mais d'un malheur bien plus épouvantable. L'Antéchrist dont nous vous avons souvent parlé, le Pape de Rome, qui veut ruiner l'œuvre du Christ et damner nos âmes, vient d'envoyer dans ce but deux émissaires parmi nous. Malheur à qui les écoutera ! »

En réponse à ces paroles, les Pères se mirent à soigner les malades, à se dévouer au service des pauvres, à accueillir tous les cœurs avides de vérité. Bientôt les baptêmes et les abjurations se comptèrent par centaines.

L'arrivée d'un gouverneur catholique à Sierra-Leone, sir Pope Hennesy, son assiduité à fréquenter les sacrements décidèrent une foule d'hésitants. « Puisque le gouverneur appartient à la religion catholique et fréquente son église, disaient les noirs, il faut bien croire que cette religion n'est pas aussi mauvaise que nos prédicants nous le répètent. »

En 1907, le Vicariat de Sierra-Leone comptait 2.600 catholiques contre 26.000 hérétiques et un million et demi de païens.

En longeant toujours la côte, on rencontre maintenant les territoires des Pères des Missions Africaines de Lyon, qui s'étendent jusqu'à la rive gauche du Niger. Les régions confiées aux Pères du Saint-Esprit reprennent à partir du fleuve et se continuent jusqu'au Counène. Leur Préfecture du Bas-Niger compte 2.000 catholiques, sur dix millions de païens. L'attention à été attirée vers cette contrée par l'élection au trône d'Onitcha d'un fervent catholique, Okosi-Okolo. S. S. Léon XIII avait envoyé à ce nouveau roi des présents avec sa Bénédiction.

Jusqu'en 1873, la situation de notre comptoir du Gabon était très précaire. On parlait même de l'échanger avec l'Angleterre contre la Gambie anglaise. Nos missionnaires furent invités officiellement à le quitter. Ils refusèrent, l'abandon fut différé. Des explorations souvent heureuses, étendirent le cercle de notre action à l'intérieur. Le lieutenant de vaisseau Savorgnan de Brazza remonte enfin, en 1875, le cours de l'Ogoué et nous donne la grande colonie du Congo. L'action catholique se dovoloppa parallèlement à l'action politique de la conquête. L'on établit successivement des postes à Libreville, en 1879 ; à Lambaréné, en 1881 ; à Franceville, à Samba en 1900.

Le Vicariat du Gabon compte 13.000 catholiques et 5.000.000 d'infidèles. On y rencontre 35 prêtres, 34 sœurs et 20 frères européens. Des écoles, des hôpitaux, des dispensaires, des refuges sont les principaux théâtres où s'exerce l'apostolat.

Du Vicariat du Gabon fut détaché, par décret du 21 octobre 1886, celui du Congo français inférieur, et, en 1890, celui du Congo français supérieur ou Oubanghi.

Les deux moyens d'action du missionnaire sont l'instruction et le travail des mains. La première se donne aux enfants dans les catéchismes et les écoles, puis aux tribus éparses dans les villages, aux adultes, aux familles, par le moyen des catéchistes formés à la Mission centrale. Le travail manuel, il faut en donner l'exemple aux populations, et c'est pourquoi l'on a des écoles professionnelles, avec ateliers divers. Il importe surtout de favoriser les cultures, celles du pays sans doute, mais aussi les plantations industrielles, café, cacao, caoutchouc, etc., et c'est pourquoi on a des écoles agricoles.

Grâce à cette charité active et très pratique l'influence du prêtre se rencontre partout dans ces pays d'Afrique. Souvent les chefs nègres ne veulent traiter avec les pouvoirs européens que par leur intermédiaire. « Les Pères, écrit un administrateur, investis de la confiance des chefs, ne peuvent que les incliner favorablement envers la France et ceux qui la représentent. Si ces derniers ont besoin de renseignements sur le pays et les habitants, sur leurs dispositions favorables ou hostiles, les menées cachées des tribus, nul n'est mieux placé pour les leur donner que le missionnaire : il pénètre partout ; nul ne sera meilleur intermédiaire, plus loyal interprète, conseiller plus conciliateur. A Mayoumba, l'impôt n'a pu être d'abord perçu que dans les stations et les villages qui possédaient des catéchistes. Ailleurs, refus persistant. »

« Le 12 septembre, visite à la Mission catholique de Mayoumba, écrit de son côté M. Lemaire. Comme celle du Fernan-Vaz, la Mission de Mayoumba est une leçon

de choses : cultures potagères, plantations riches, éle-
vages de tous animaux, plumes, pattes et soies, tout
est entrepris et paie de ses efforts le laborieux ouvrier
de colonisation qu'est le missionnaire en Afrique. »
(*Officiel du Congo,* 15 décembre 1901.)

Si la terre est exploitée, la lagune l'est aussi. Très
poissonneuse, on y fait la chasse à la dynamite. Il y a
même un banc d'huîtres énormes long de 4 kilomètres.
Et telle est l'abondance du produit, que les navires y
envoient puiser à pleines pirogues, pendant que les
Noirs, à l'époque des basses eaux, en font des charge-
ments. Ce sont les femmes qui plongent. Elles rapportent
quantité de ces huîtres et vont ensuite sur le rivage
les cuire et en faire des conserves. Les coquillages font
d'excellente chaux, et le sol argileux fournit briques,
tuiles et carreaux.

Partout les moyens employés au Congo pour la
conversion et la moralisation des Noirs sont le soin des
malades, les écoles pour la jeunesse, les encouragements
au travail et la lutte contre les superstitions, très nombreuses et très enracinées dans toute peuplade nègre.

Le Bas-Congo ou Congo français inférieur, a maintenant 1.700 catholiques. La résidence de l'évêque est
Loango.

Dans le Vicariat de l'Oubanghi ou Congo français
supérieur, l'évêque réside à Brazzaville, chef-lieu aussi
des établissements français du Congo. Les tribus de
cette région se nourrissent autant de chair humaine
que de poisson. Esclaves enlevés dans des razzias,
cadavres des cimetières, ennemis pris à la guerre sont
mangés inévitablement. Empêcher l'infanticide, la
vente des esclaves, soit vivants, soit dépecés à la boucherie, l'anthropophagie, l'épreuve par le poison et par
le feu ; combattre l'alcoolisme, l'exploitation systéma-
tique de la femme, les abus d'autorité ; se rappeler que
le Décalogue et l'Evangile sont les seuls codes possibles
du monde civilisé ; multiplier les écoles ; inspirer le
goût et les habitudes du travail, voilà ce que les
Missionnaires ont tenté, et voilà ce que tous les parti-

sans et amis de la véritable civilisation devraient aider, encourager.

En dix ans plus de mille esclaves ont été rachetés, ravis au supplice et aux festins barbares. Le Vicariat de l'Oubanghi compte actuellement cinq stations et 900 catholiques.

La Préfecture apostolique du Congo inférieur ou Congo portugais, érigée par Urbain VIII, le 27 juin 1640, longtemps abandonnée faute de prêtres, fut enfin reprise, en 1865, par les Pères du Saint-Esprit. Elle a aujourd'hui 4.800 catholiques. Elle se trouve réduite à ce qu'on appelle l'enclave de Cabinda, enclave en effet, resserrée entre la rive droite du Congo, l'Etat indépendant et le Congo français. Toutes les œuvres habituelles, écoles primaires et professionnelles de garçons et de filles, hôpital, villages chrétiens, magnifiques cultures, sont ici représentées, dominées par une belle église en pierres.

Cependant l'immense contrée de l'Afrique australe comprise entre la colonie portugaise du Congo et la colonie anglaise du Cap, et autrefois désignée sous le nom de Cimbébasie, restait complètement dépourvue d'ouvriers évangéliques. En 1879, le P. Duparquet entreprit une campagne nouvelle pour la conversion de ces peuples. Un décret du 3 juillet de la même année le nomma préfet apostolique de toute la Cimbébasie jusqu'au fleuve Orange.

L'Evêché de Saint-Paul de Loanda comprend des paroisses régulièrement constituées, pourvues de prêtres séculiers portugais et nombre de populations dénuées de tout secours spirituel. C'est à l'appel de ces peuples abandonnés qu'ont répondu les Pères du Saint-Esprit en établissant la Mission de la Lounda, dont le siège est à Malange, la Mission du Counène dont le Supérieur réside à Huilla. La première compte 6.475 catholiques et la seconde 4.300. Toutes les deux font partie du diocèse portugais d'Angola el Congo ou Saint-Paul de Loanda.

La Préfecture de la Cimbébasie supérieure est née et a grandi dans des difficultés exceptionnelles.

La première station fondée dans le Damaraland succombe sous les jalouses persécutions des ministres luthériens allemands, qui ne rougissent pas de pousser les chefs noirs à la violence contre la personne même des prêtres catholiques.

Obligés de céder à l'orage, les PP. Hogan et Lynch se retirent d'abord à Walfish-Bay, d'où ils vont ouvrir des Missions au delà du Counène et dans l'Ovampo où ils meurent de la fièvre. D'autres Pères sont massacrés par les Noirs. Mais rien ne décourage le P. Emonet, supérieur général de la Congrégation du Saint-Esprit. On envoya des renforts, on multiplia les postes sur les deux rives du Counène et l'on compta bientôt vingt stations.

En 1892, une nouvelle répartition de ces territoires pour en faciliter l'évangélisation fournit quatre préfectures nouvelles : la rive droite du fleuve Orange, confiée aux Oblats de Saint-François de Sales de Troyes ; la Cimbébasie inférieure et le Bechuanaland, cédés aux Oblats de Marie ; la Cimbébasie supérieure, laissée aux Pères du Saint-Esprit.

Cette dernière Préfecture possède aujourd'hui 38 prêtres, 12 églises et 10.400 catholiques.

En 1863, deux Pères et plusieurs Frères de la Congrégation du Saint-Esprit arrivèrent à Zanzibar, grande ville de plus de 100.000 habitants, située dans l'île du même nom. L'île tout entière était alors sous l'autorité facilement ombrageuse d'un prince musulman. Là avait lieu le grand marché d'esclaves, où, de tous les ports de la côte, les Noirs étaient rassemblés, après avoir été capturés dans l'intérieur, traînés en longue caravanes, et embarqués sur des boutres infects. Chaque année, ils passaient à la douane au nombre de 50.000 à 60.000, et, payant une piastre par tête, ils constituaient le revenu le plus clair du sultan. Exposés ensuite sur le marché public, ils étaient examinés par les amateurs, puis vendus et dispersés dans la campagne de Zanzibar, aux Comores, en Arabie, dans tout l'Océan Indien. Dans cet emporium, le plus abondamment pourvu du monde oriental, un petit garçon coûtait de 20 à 25 francs, une fille un peu plus cher. Mais si ces enfants étaient malades, estropiés, anémiés, menacés de mort prochaine, on les abandonnait à qui voulait les prendre, on les jetait dans la brousse où, la nuit suivante les bandes de chiens sauvages se les partageaient, on les déposait sur le rivage d'où le flot les emportait.

En présence de ce spectacle, le programme des missionnaires était tout tracé. Ils n'auront d'autre moyen de prosélytisme que leur charité près des mourants, des malades, des lépreux, des abandonnés, des esclaves. Ils intéresseront le monde entier à leur sort. Ils recueilleront ces malheureux en qui leur foi leur montre des âmes à sauver. Ils rachèteront ces enfants, ils les élèveront, ils les instruiront, ils en feront des chrétiens, ils les uniront en familles, et, peu à peu, ils prépareront l'avenir.

Mais, à cette préparation, Zanzibar ne suffit pas. Il faut sortir de ce repaire de toutes les corruptions, et commencer à neuf, sur la terre en face, un essai de civilisation chrétienne. C'est pourquoi on s'établira aussi à Bagamoyo. Là, l'espace ne sera pas mesuré, et, surtout, on se trouvera au point d'arrivée et de départ de toutes les grandes caravanes de l'intérieur. De là, les jeunes gens ayant été formés par les Pères et les Frères, les jeunes filles par les Sœurs, des groupes de familles partiront, chercheront au loin un coin de terre qui leur conviendra, s'y établiront avec une Mission, et, en se multipliant ainsi d'année en année, sur tout le pays, constitueront autant d'éléments de civilisation chrétienne et d'apostolat pratique.

Deux ou trois missionnaires prennent avec eux quinze à vingt familles chrétiennes formées à Zanzibar ou à Bagamoyo, et vont s'implanter au sein d'une tribu dont les dispositions, constatées d'avance, promettent à l'Evangile une sérieuse espérance. La Croix est dressée, la chapelle est bâtie, à côté s'élèvent la Mission et les cases des familles chrétiennes. Les populations d'alentour se groupent autour de cette colonie : les nouveaux chrétiens leur serviront de catéchistes. C'est le grain de senevé semé en terre fertile, qui grandira dans l'espace, c'est le pur levain qui va imprégner les tribus environnantes.

Plusieurs personnes de grande autorité ont souvent été très sympathiques à la Mission et à l'œuvre de Zanzibar.

Le baron von der Decken, consul de Hambourg, rachetait lui-même des enfants de l'esclavage et les remettait aux Pères. Livingstone venait souvent à la Mission catholique. M. Ch. Smith, inspecteur général de l'East African C°, écrivait : « Combien de mes camarades ont trouvé des soins affectueux auprès des Sœurs ! »

Aujourd'hui la Congrégation du Saint-Esprit dessert, en territoire allemand, 12 stations principales et 4 dans le Zanguebar (1) anglais. Le Zanguebar est divisé aujourd'hui en 3 Vicariats : Zanguebar septentrional, central et méridional. Les deux premiers, remis aux Pères du Saint-Esprit, ont 5.000 catholiques. Le Zanguebar méridional, colonie allemande, confié aux Bénédictins de Sainte-Odile de Bavière, a aujourd'hui 14 prêtres en 4.000 catholiques.

CHAPITRE III

Pères des Missions africaines de Lyon.

La Société des Missions africaines de Lyon, fondée en 1856 par Mgr de Marion-Brésillac, exerce son œuvre d'apostolat dans tous les territoires situés sur le golfe de Guinée, depuis la République de Libéria jusqu'aux rives du Niger. C'est ainsi qu'elle évangélise les

---

(1) Les Arabes, venant faire la conquête de ces rivages, les appelèrent Zendjibar, de *bara*, pays, et *Zandji*, noirs, mots dont les Euroréens ont fait Zanzibar et Zanguebar ; d'où les géographes ont établi que Zanzibar est l'île et la ville, et Zanguebar, le continent en face.

possessions françaises de la Côte d'Ivoire et du Dahomey, avec les possessions anglaises de la Côte d'Or, de Lagos et de la Nigeria, jusqu'au fleuve qui donne son nom à cette dernière colonie. Elle compte aujourd'hui trois Vicariats et trois Préfectures apostoliques : les vicariats de Bénin, du Dahomey et de la Côte d'Or, et les Préfectures apostoliques du Niger, de la Côte d'Ivoire et de Libéria.

Après douze ans de vie apostolique dans les Indes, Mgr de Marion-Brésillac avait conçu l'ardent désir de porter les lumières de la foi aux peuplades de l'Afrique les plus abandonnées. Il commença par établir un séminaire à Lyon. Puis, la Propagande lui ayant confié un Vicariat apostolique sur les côtes de Guinée, il s'y rendit avec trois prêtres et un frère, laissant au R. P. Planque la direction de la Maison de Lyon. Il débarqua à Free-Town. Une épidémie de fièvre jaune y sévissait avec une violence terrible. En moins de six semaines, il vit mourir ses missionnaires et il tomba lui-même moissonné par le terrible fléau.

Tout paraissait perdu. Avec une confiance invincible en la protection de ces premières victimes de leur charité, le R. P. Planque n'en poursuivit qu'avec plus d'énergie l'œuvre commencée. Les vocations se multiplièrent et, en 1860, le Saint-Siège confia à la Société naissante la Préfecture apostolique du Dahomey.

Le Dahomey était alors un petit royaume indépendant. Son gouvernement était une monarchie héréditaire et despotique, tempérée uniquement par les anciens usages et l'influence des féticheurs qui savaient, à l'occasion, se faire obéir du terrible monarque. Les sujets les plus élevés dans l'ordre hiérarchique n'étaient devant le souverain que ses premiers esclaves dont il pouvait d'un signe faire tomber la tête. Dire du mal du roi était un crime puni de mort. Le premier de tous les dignitaires était le cuisinier en chef, car, à l'aide du poison, il lui était facile de se défaire de son maître. Au-dessous de lui et à côté du trône, étaient une douzaine de poètes occupés à chanter la gloire du monarque, la force de ses armées et la noblesse de ses ancêtres, avec accompagnement de musique tapageuse et de gestes grotesques. En un mot, un despote maître de la vie de ses sujets, adulé bassement par des chanteurs à gages, tremblant devant son cuisinier et une bande de féticheurs, tel était le gouvernement du Dahomey.

Le culte du fétichisme, si répandu chez les populations nègres, a pour premier représentant un grand féticheur, qui est en quelque sorte le chef d'une véritable armée de jongleurs, dispersés dans les villes et les villages. Les femmes peuvent faire partie de cette association cultuelle, qui parle une langue spéciale complètement différente de la langue nationale.

Le fétichisme considère tout reptile comme une divinité et lui rend un culte spécial. Un Noir rencontre-t-il un serpent, aussitôt il se prosterne devant lui, lui adresse ses hommages en se frottant les mains, s'en approche avec respect et le saisit délicatement pour le porter au temple, sa demeure sacrée. Le boa constrictor a les honneurs souverains, au Dahomey ; c'est le protecteur du pays, aussi est-il traité en grand seigneur. Dans plusieurs localités, il a sa case à lui et plusieurs nègres attachés à son service, parmi lesquels un médecin spécialement chargé de veiller à l'heureuse issue de ses pénibles digestions. Pendant longtemps, une fois chaque année, il était promené en grande pompe dans les rues de Ouida, la capitale. Ce jour-là, il était défendu, sous peine de mort, de sortir de sa maison, et même d'en ouvrir les portes et les fenêtres. Avant d'arracher de son temple l'animal sacré, les féticheurs le gorgeaient de viandes. Quand il était repu, le plus digne d'entre eux se prosternait devant lui, le soulevait de terre avec des précautions infinies et le plaçait comme une masse inerte dans un hamac. Aussitôt les chants retentissaient de toutes parts, le cortège se formait et parcourait les rues de Ouida, qui ressemblait à une vaste nécropole hantée par un spectre hideux. Dès que le monstre commençait à sortir de son inertie, on s'empressait de le reporter dans son temple, de peur sans doute de quelque accident.

Tous les féticheurs s'entendent à merveille pour exploiter la crédulité des Noirs. Ce sont eux qui empêchent la pluie de tomber. Prépare-t-on une fête qui doit durer plusieurs jours, on va trouver les féticheurs qui retiendront l'eau dans les nuages pendant le temps que durera la solennité. Et si par hasard, durant la fête, la pluie menaçait d'arrêter toutes les réjouissances, il ne faudrait pas croire que ces rusés féticheurs perdent quelque peu de leur réputation. C'est tout simplement quelqu'un qui a offensé le fétiche. Alors pour l'apaiser on immole un poulet et à un moment ou à un autre la pluie cesse. On ne saurait imaginer toutes les roueries des féticheurs ni se figurer jusqu'où les malheureux Noirs portent la sottise et la résignation.

Les premiers établissements français au Dahomey remontent aux années 1851, 1868 et 1878. Un moment l'on espéra pouvoir pénétrer dans l'intérieur par les seuls moyens pacifiques. Mais bientôt il devint évident qu'on ne briserait que par les armes la tyrannie sanguinaire du roi Behanzin et notre intérêt, aussi bien que le souci d'arrêter les ravages, les razzias d'esclaves, les sacrifices humains de ce monstre, obligèrent les Français à envoyer le commandant Terrillon, en 1870, et le général Dodds, en 1892, prendre possession définitive du Dahomey.

La nouvelle colonie fut organisée par M. Ballot. Elle se divise en deux parties distinctes : les territoires annexés de Grand-Popo, d'Agoué, de Ouida et de Kotonou ; et les territoires protégés, qui comprennent les royaumes de Porto-Novo, d'Aïiada, d'Abomey et la république des Ouatchis.

Le Vicariat apostolique du Dahomey comprend, en 1907, dix stations, parmi lesquelles celles de Porto-Novo, Agoué, Ouida, Abomey et Calavy comptent parmi les plus importantes. Celle de Porto-Novo surtout est remarquable par ce fait que nulle part ailleurs, sur la Côte des Esclaves, le contraste entre la barbarie et la civilisation n'apparaît plus saisissant. Il y a comme deux villes : la ville païenne et fétichiste et la ville catholique et religieuse ; l'une avec ses rues tortueuses

et sales où pullulent des nègres déguenillés, l'autre dans
une situation saine et élevée, avec des constructions à
l'européenne, des écoles, un hôpital et une belle église
aux vitraux coloriés.

Les écoles de Porto-Novo, qui, longtemps, avaient
végété, par suite de la rivalité des protestants et de la
terreur qu'inspiraient les féticheurs, ont pris un grand
développement depuis l'établissement de notre protectorat. Le fétichisme perd tous les jours de son crédit et
tout fait prévoir que, dans un avenir prochain, 'la
population de Porto-Novo, soit 30.000 habitants, sera
entièrement catholique.

Sur une population d'environ 1.500.000 âmes, la
Mission de Dahomey compte actuellement 7.000 catholiques. Elle a 30 prêtres, 15 églises ou chapelles, 15 écoles avec 1.485 élèves : 1.055 garçons et 430 filles.

La Mission de la Côte d'Ivoire est plus récente. Sa
fondation ne remonte qu'à l'année 1895, mais là comme
ailleurs, les premiers missionnaires ont dû payer de
beaucoup de sacrifices et de privations, et souvent de
leur vie, les débuts de leurs installations dans ces
contrées malsaines.

Six stations y ont été créées : celles de Dabou, Grand-
Bassam, Mousso, Assinie, Jacqueville et Menni. Dabou,
résidence actuelle du Préfet apostolique, est située près
de la grande lagune de l'Ebrié. Bâtie sur le sommet
d'une colline, elle est relativement salubre. Outre une
école, où les indigènes apprennent la langue française,
Dabou possède encore une école professionnelle, et dans
quelque temps, les missionnaires espèrent pouvoir y
établir un orphelinat pour esclaves libérés. Les autres
stations plus ou moins récentes ont chacune leur dis-
pensaire et leur école.

Les neuf écoles de la Préfecture apostolique donnent
l'éducation à 350 garçons et à 15 filles. Il est permis d'espérer que ce pays, avec ses gisements aurifères et ses
nombreux produits d'exportation qui lui assurent pour
l'avenir un développement et une prospérité considé-

rables, ne tardera pas d'ouvrir les yeux à la lumière de l'Evangile.

La mission de la Côte d'Or, anglaise, fondée en 1881, a été cruellement éprouvée jusqu'à ces dernières années. Ses premiers apôtres furent décimés par les privations et par les épidémies de fièvre jaune. Néanmoins, érigée en Vicariat apostolique en mai 1901, elle compte déjà une chrétienté assez nombreuse, surtout à Elmina et à Cape-Coast. Près de 2.000 enfants fréquent ses écoles et dernièrement trois orphelinats ont été érigés. Bref, ce pays, arraché d'hier à la barbarie, fait entrevoir les plus belles espérances pour la diffusion de la foi et de la civilisation.

Il y a quelques années seulement, le peuple guerrier des Achantis, répandu dans l'intérieur, respectait encore moins que les Dahoméens la vie de son semblable, La fête annuelle des Ignames, la mort des grands du royaume, faisaient couler des torrents de sang. La mort du roi surtout était accompagnée d'une atroce boucherie humaine. Dès que le souverain avait rendu le dernier soupir, les princes du sang se répandaient armés dans la ville, suivis des exécuteurs à leurs ordres et massacraient indistinctement ceux qu'ils rencontraient dans les rues de Coumassie. Ce carnage durait huit jours, pendant lesquels la population épouvantée fuyait dans les bois et les campagnes. Passé ce temps de désordre, la tuerie légale s'organisait. Un nombre considérable d'esclaves et de femmes étaient sacrifiés sur la tombe du maître et enterrés avec lui. Puis on célébrait la *grande coutume* pendant laquelle un jour par semaine était réservé aux sacrifices humains. L'influence des Anglais vainqueurs est parvenue à mettre fin à ces horribles pratiques.

C'est en 1895-1896 qu'une expédition anglaise partit de la Côte d'Or contre Coumassie, la capitale des Achantis. Admirablement préparée, elle eut un complet succès. Le roi des Achantis se soumit et le pays fut, le 27 août 1896, placé définitivement sous le protectorat anglais. Aujourd'hui, Coumassie est appelée à devenir le centre d'un réseau de voies ferrées pour desservir toute la région minière du pays.

Le Vicariat apostolique de Bénin comprend la colonie et le protectorat anglais de Lagos.

La colonie de Lagos était autrefois un petit royaume indépendant et l'un des principaux foyers de la traite des noirs. Fondée en 1862, elle a rapidement progressé. Elle comprend l'île de ce nom et une partie de la côte voisine. Sa position exceptionnelle et l'importance de son commerce l'ont fait appeler le Liverpool africain.

Le protectorat de Lagos s'étend beaucoup plus loin vers l'intérieur entre le Dahomey à l'Ouest et la Nigeria à l'Est. Sa superficie dépasse 54.000 kilomètres carrés et sa population est d'environ trois millions d'habitants.

Lorsque, pour la première fois, les missionnaires de Lyon descendirent à Lagos en 1862, ils y trouvèrent une population composée en grande partie d'esclaves Nagos, emmenés jadis au Brésil, puis rapatriés. Imbus d'un commencement de civilisation et ayant reçu quelques éléments d'instruction, ces esclaves offrirent un champ particulièrement favorable à l'apostolat, d'autant plus que le protectorat anglais assurait aux chrétiens une complète liberté. De plus, il y avait parmi eux un véritable apôtre, un ancien esclave libéré dont l'histoire est touchante et mérite d'être racontée.

D'abord esclave au Brésil où il embrassa le Christianisme, Antonio profita de l'édit d'émancipation pour retourner aussitôt à Lagos, son pays natal. Là, il constate avec douleur que tous ses compatriotes devenus libres sont retournés au fétichisme. Aussitôt il se met à l'œuvre et, n'écoutant que son ardente charité, il dresse une chapelle et s'ingénie à reproduire de son mieux les cérémonies du culte catholique. Il réunit ses frères égarés ou chancelants, les instruit, prépare les mourants à paraître devant Dieu et accompagne les funérailles des psalmodies de son rituel. Il réussit ainsi à ramener un certain nombre d'apostats, baptise plusieurs païens et préserve son petit troupeau des séductions de la propagande protestante. Aussi l'appelait-on le *Padre Antonio*. Quand plus tard le premier missionnaire catholique débarqua à Lagos, Antonio le reçut comme un ange du ciel, lui remit ses fonctions et se fit son humble et dévoué auxiliaire.

Au bout de huit ans, Lagos ne comptait pas moins de 3.000 chrétiens et, aujourd'hui, il y a plusieurs écoles avec plus de 2.000 enfants. C'est la résidence du Vicaire apostolique. Son église, avec ses tours à la fois imposantes et gracieuses, a été complètement bâtie par la population chrétienne de la ville. On y voit aussi des hôpitaux, deux colonies agricoles et une école normale supérieure. Cette dernière est destinée à devenir une pépinière de précieux auxiliaires pour les missionnaires en leur fournissant les catéchistes et les instituteurs nécessaires à la formation de nouvelles écoles catholiques, soit dans les villes où ils sont établis, soit dans les localités circonvoisines. Lagos est la grande station de la côte. On dirait une bonne et grande paroisse de France. Le mariage chrétien y est en honneur, même auprès des vieux païens, et un gouverneur anglais, témoin du zèle et de l'activité des prêtres catholiques, a bien traduit leur situation en disant que l'avenir était à eux.

En 1877, le gouvernement anglais céda à la Mission catholique, sur le territoire de Lagos, entre la mer et la lagune, une presqu'île de 1.200 mètres de large sur 14 kilomètres de longueur. C'est sur ce vaste domaine que fut établie la ferme agricole de Tokpo. Sa position est fort avantageuse, la brise de mer la rendant relativement salubre, et la lagune la reliant avec Porto-Novo, Lagos et l'intérieur. C'est là que les missionnaires peuvent recueillir une foule de petits nègres à qui l'on enseigne à pratiquer et à aimer le travail de la terre ; là aussi qu'ils trouvent quelques ressources alimentaires pour les missions de la côte et que les Pères fatigués ou convalescents peuvent venir se reposer.

Abéokouta est aussi sur la rive gauche de l'Ogoun, sur un terrain granitique, aux collines recouvertes de végétation.

Quoique, dans l'imagination des indigènes, cette ville joue le rôle des cités les plus fameuses de l'ancien monde, elle est cependant de fondation toute moderne. Les Egbas, longtemps victimes des razzias meurtrières des tribus voisines et fatigués de fournir un trop nombreux contingent d'esclaves, conçurent, vers l'année 1826, le dessein d'abandonner leurs villages et de se défendre contre les nouvelles attaques du Dahomey et du Yorouba. Pour y arriver, ils se groupèrent au pied d'une masse imposante de rochers qui s'élève à 80 mètres au-dessus du sol, et fondèrent ainsi la ville d'Abéokouta, dont le nom signifie « sous les rochers ». Bientôt d'autres peuplades vinrent les rejoindre, de telle sorte qu'aujourd'hui Abéokouta est probablement la ville la plus populeuse de toute l'Afrique occidentale, renfermant 200.000 habitants. Ses 140 villages sont répartis en sept quartiers qui ont conservé leur autonomie, leurs droits, leurs privilèges, leurs coutumes et jusqu'aux nuances de leurs dialectes.

La Société des Missions africaines y compte trois établissements, dont une œuvre de lépreux qui occupe une sorte de faubourg de la ville et donne aux missionnaires une grande influence. Les écoles de garçons et de filles y sont très prospères et tout fait prévoir que, grâce à la fraternité des tribus d'Abéokouta avec le royaume si peuplé de Yorouba, le catholicisme progressera rapidement dans cet immense pays.

Actuellement la Mission du Bénin compte neuf stations, 27 prêtres et 8.000 catholiques, 15 écoles et 1.678 enfants, dont 1.060 garçons et 618 filles.

Ce fut en 1889 que les missionnaires de Lyon fondèrent la Mission du Niger. Le premier poste fut Lokodja, sur le confluent du Niger et de la Bénoué. En butte aux tracasseries et surtout au mauvais vouloir d'une population presque entièrement musulmane, les Pères jugèrent opportun de se retirer jusqu'à Assaba, où réside actuellement le Préfet apostolique. Cette ville, située à 250 kilomètres de la côte, compte près de 12.000 habitants et occupe une position très favorable au milieu d'une contrée fort peuplée et presque toute païenne. Au centre d'Assaba s'élève une église catholique. Deux écoles assurent l'éducation chrétienne aux enfants des deux sexes, qui commencent à s'y porter en foule.

Les autres stations sont des centres très importants et très populeux qui ont leur école. Les populations de ces contrées, qui depuis si longtemps ont connu les horreurs de la guerre et de l'esclavage, semblent aujourd'hui disposées à se ranger sous l'étendard de notre religion qui vient leur apporter la paix et la liberté.

Le Supérieur général de la Compagnie de Marie, fondée par le Bienheureux Grignon de Montfort, ayant prié la Sacrée Congrégation de la Propagande de relever les missionnaires de son Institut de la charge d'évangéliser la Préfecture apostolique de Libéria qui leur avait été confiée par un décret du 18 avril 1903, les Pères de la Société des Missions africaines prirent leur place, en 1906.

Libéria on le sait, a été fondée par les Noirs affranchis des Etats-Unis. En 1822, 13.000 de ces Noirs furent transportés par les soins de l'*American Colonisation Society* à l'embouchure du fleuve Mesurado, sur la côte de Guinée. Ils repoussèrent les attaques des indigènes, et, en 1823, leur premier président, Ashman, fonda la ville de Mourovia et en fit la capitale de la nouvelle République. La colonie s'accrut rapidement, et, en 1847, s'affranchissant de la tutelle des Etats-Unis, elle prit le nom de République libre et indépendante de Libéria. Sa constitution fut calquée sur celle des Etats-Unis. Elle a un Président et un Parlement composé d'un Sénat et d'une Chambre des Députés.

Les Libériens, aujourd'hui au nombre d'environ 60.000, sont presque tous protestants ; ils ont assujetti peu à peu une multitude de nègres païens ou musulmans. Espérons que les Pères des Missions africaines vont développer, selon leurs habitudes, l'évangélisation dans ces parages et chez les tribus de l'intérieur encore inexplorées.

CHAPITRE IV

Les Oblats de Marie Immaculée.

Les habitants des cinq Préfectures confiées aux Oblats de Marie appartiennent à différentes races. En premier lieu les indigènes. Ce sont des nègres Bantous. Les Mahométans et les Portugais les ont appelés par mépris du nom de *Cafres,* c'est-à-dire infidèles ou païens.

Grands, beaux et forts, les Bantous, qui autrefois se faisaient mutuellement des guerres acharnées, ont été complètement domptés par les Anglais.

Ensuite viennent les Boers, Hollandais transplantés au Cap. Fuyant le joug des Anglais, ils passèrent le fleuve Orange, chantant leurs hymnes et luttant contre les tribus noires qui s'opposaient à leur marche. Des groupes s'avancèrent jusqu'au nord de la rivière Vaal ; d'où le nom de Transvaal. D'autres franchirent les montagnes du Berp et descendirent sur le Natal.

Enfin les Anglais.

Les Oblats de Marie vinrent au Natal en 1851. Ils n'y trouvèrent que 160 catholiques, soldats ou colons anglais et français. Ils s'installèrent d'abord à Durban. Mais que de difficultés au milieu de païens grossiers et d'hérétiques ! Heureux les missionnaires, quand, malgré les sorciers, ils pouvaient administrer furtivement le baptême à quelques pauvres enfants. Les Cafres eux-mêmes, qui ne pouvaient s'empêcher d'admirer leur dévouement, leur conseillaient de renoncer à leur entreprise : « Pourquoi vous affliger ? leur disaient-ils, c'est à nous seuls la faute, si nous ne vous suivons pas. » Les grandes vérités les rendaient tristes ; il ne pouvaient se résoudre à abandonner leurs jouissances matérielles pour des joies à venir, que leur intelligence assombrie par la superstition était incapable de comprendre. Ils ne pouvaient échapper au joug de leurs sorciers, ni renoncer à la polygamie. Même au lit de mort, ils ne se rendaient pas. Pendant huit ans, pas un seul homme ne se convertit. Entourés comme ils l'étaient de diverses sectes protestantes, le spectacle de ces diverses religions troublait leur faible intelligence et ils ne savaient pas choisir.

La création des écoles, des hôpitaux surtout desservis par des Religieuses, gagnèrent quelques infidèles qui bientôt se multiplièrent et le Vicariat du Natal compte, en 1907, 13.000 catholiques, 48 prêtres et 45 églises ou chapelles.

L'histoire des Boers est aujourd'hui fort connue. Après avoir lutté victorieusement contre les Anglais, on sait comment, ils ont enfin été réduits et soumis dans la dernière guerre, après une résistance héroïque, et les noms de Kruger, de Wet, Botha resteront à jamais légendaires. Ce que l'on sait aussi, c'est qu'ils sont protestants. Néanmoins les Oblats de Marie ont établi deux Vicariats dans le pays des Boers, un dans chacune des deux anciennes républiques, l'Orange et le Transvaal. Le Vicariat de l'Orange compte aujourd'hui 5.700 catholiques et celui du Transvaal 6.800.

Les Missions évangéliques de Paris ont, les premières, évangélisé le Basoutoland. Arrivées dans ce pays en 1833, bien reçues par leurs habitants, elles ont beaucoup travaillé là et obtenu d'importants résultats.

Les Pères Oblats, quand ils voulurent s'y établir à leur tour, en 1862, trouvèrent donc le pays solidement occupé par de puissants concurrents, Français comme eux, et qui avaient donné leur religion comme la religion de la France. Il ne fut pas aisé aux véritables apôtres de prêcher la foi catholique. Leurs catéchumènes avaient à subir les railleries, les insultes, voire les mauvais traitements de leurs parents païens ou protestants. Les missionnaires avaient à travailler au-dessus de leurs forces, et encore plus à souffrir, mais la souffrance perd de son acuité quand on voit les fruits de la grâce qu'elle produit, et le travail devient doux et facile.

En 1873, on avait compté 300 baptêmes, En 1876, parmi les 128 adultes baptisés, 18 avaient été calvinistes. En 1907, dans la Préfecture du Basoutoland, il y a 8.000 catholiques, 14 prêtres et 13 églises. Dans celle de la Cimbébasie inférieure, colonie allemande, on ne trouve encore que 500 néophytes. Des guerres entre les Allemands et les belliqueux Herreros y rendent impossible la prédication de l'Evangile.

Les Oblats de Marie ne pouvant suffire à leur tâche, offrirent, en 1882, à l'Institut des Oblats de Saint-François de Sales, de Troyes, de prendre en main la Mission du Fleuve-Orange. Le Père Simon conduisait l'œuvre d'apostolat avec une énergie que le succès couronna bien vite. Chaque année, le nombre des catholiques augmenta, et bientôt tous ceux qui se groupèrent autour des missionnaires furent instruits avec soin et embrassèrent la vraie religion avec toutes les garanties désirables de sincérité. Le Vicariat du Fleuve-Orange compte aujourd'hui 5.000 catholiques desservis par 10 prêtres.

CHAPITRE V

Les Pères Blancs.

Les Missions des Pères Blancs dans l'Afrique équatoriale sont situées sur les plateaux de l'immense région des Grands Lacs.

De ces lacs, les trois plus grands, le Victoria Nyanza, le Tanganika et le Nyassa, étaient indiqués déjà, d'une manière confuse et sous d'autres noms, dans les cartes du xvie et du xviie siècle. Mais au commencement du xixe, les géographes, dépités par des renseignements vagues et contradictoires, firent table rase du peu qu'on savait sur l'intérieur du continent, et, à la satisfaction des écoliers, n'indiquèrent plus qu'une nappe d'eau unique, entourée de contrées peu connues ou de terres inexplorées.

Des voyageurs intrépides, Burton, Speke, Livingstone et Stanley, étudièrent dans la seconde moitié du xixe siècle, le relief du sol et l'hydrographie de ces régions si longtemps inconnues. Ils trouvèrent que loin d'être, comme on l'avait cru, un désert aride et brûlant, le centre du continent offrait des vallées aux gras pâturages et des montagnes dont les sommets les plus élevés étaient couronnés de neiges perpétuelles. Le sol, soulevé par des éruptions volcaniques, déchiré de failles gigantesques, recélait toutes les richesses minérales des terrains primitifs : granit, porphyre, quartz.

Soutenus par des massifs de 3.000 à 6.000 mètres, les hauts plateaux vont en s'abaissant, du Nord au Sud, par trois étages successifs qui permettent de les diviser en trois zones hypsométriques, dont chacune englobe l'un des trois Grands Lacs. Dans chacune d'elles, les différences d'altitude et d'exposition modifient considérablement, d'un lieu à l'autre, la température, la végétation et, jusqu'à un certain degré, les divers modes de travail auxquels l'homme doit se livrer pour assurer son existence.

La zone la plus élevée est celle du Victoria Nyanza, dont le niveau est à 1.200 mètres. C'est un pays fertile. Des rives du lac, le sol s'élève lentement en pentes douces, en frais vallons et en terrasses majestueuses dont les lignes adoucissent le dur profil des escarpements lointains. La température y suit le même progression et va de l'éternel printemps à l'éternel hiver. Mais presque partout ce n'est que fraîcheur et fécondité. Toujours des fleurs, toujours des fruits. L'humidité dont l'atmosphère est saturée, y provoque une fougue de végétations que favorise encore une terre légère, ferrugineuse et riche en humus. Du reste, les saisons y sont à peine différenciées : dans certaines îles du lac, il pleut presque chaque jour quelques instants, et ailleurs, entre deux courtes périodes de pluies au moment des équinoxes, les averses ne sont pas rares.

Uniformité encore plus grande dans la longueur des jours et des nuits. Leur durée est toujours égale, et le passage rapide de l'un à l'autre y fait des matins sans aurore et des soirs sans crépuscule.

La culture et la pêche suffisent amplement à nourrir les habitants. La banane est la principale production du pays. Un régime ordinaire porte jusqu'à 200 fruits et pèse de 25 à 30 kilogrammes. Crues ou bouillies, grillées ou séchées, ou même sous forme de liqueurs fermentées, elles constituent la principale alimentation des indigènes.

La zone moyenne comprend les deux rives du Tanganika. Le lac n'étant qu'à 830 mètres d'altitude, la température y est plus élevée qu'au Nyanza, situé cependant sur la ligne équatoriale. Les périodes de pluie et de sécheresse y sont bien tranchées. Les orages sont d'une extrême violence et les tremblements de terre très fréquents.

Cette région offre les aspects les plus divers. A l'Ouest, se déploient toutes les magnificences de la grande forêt. Dans la partie Est, c'est à perte de vue le *pori*, plaine déserte, inculte, où l'incendie allumé par les indigènes fait disparaître le peu de verdure épargnée par le soleil. Arrivent les premières pluies, le sol se couvre promptement de graminées hautes de 3 à 4 mètres, épaisses et compactes. Les sentiers qu'elles abritent deviennent de véritables tunnels, semés de fondrières et hantés de moustiques. Au moindre frôlement, des feuilles en gargouilles vous jettent parfois des réserves de pluie, des tiges flexibles se détendent, vous cinglent, vous harcèlent et entravent vos mouvements. C'est la marche dans la jungle africaine. Ou bien le sentier s'efface dans une fange épaisse, gluante, et malheur au voyageur qui s'égare : pendant des heures entières il patauge dans la boue ; puis le sol semble se liquéfier sous ses pas. Impossible de fuir. La vase monte, monte toujours, c'est l'enlizement dans toute son horreur.

La partie Sud de cette zone est moins riche. Les principales plantes alimentaires sont le manioc et le sorgho. Le manioc, la plus répandue, épuise rapidement le sol et oblige les villages à se déplacer après quelques années. Les Noirs le préfèrent cependant à toute autre culture, à cause de l'abondance de sa production et du peu de travail qu'il exige. Le sorgho est une espèce de gros millet, très estimé des indigènes pour son rendement prodigieux — 200 pour un — et pour la liqueur enivrante *(pombé)* que fournit sa fermentation.

La zone de Nyassa va en s'abaissant jusqu'au niveau du lac, qui n'est qu'à 500 mètres au-dessus de la mer. Dans les parties montagneuses du Nord, la température est à peu près la même qu'au Tanganika, mais dans les plaines du sud, les chaleurs sont plus intenses. Pays très boisé, irrigué par de nombreuses rivières qui débordent généralement à la saison des pluies. Le zèbre et l'antilope y pullulent. La population y vit surtout de chasse et de pêche ; le travail des champs y est peu en honneur.

Sauf de rares exceptions, la masse de la population dans les Missions évangélisées par les Pères Blancs est de race *bantou*. Deux peuples de cette race méritent d'être signalés : les *Bahima* et les *Baganda*.

Les Bahima tranchent absolument, par la beauté de leurs traits et leurs habitudes pastorales, sur les Bantous agriculteurs et d'un type inférieur. Ils ont le front large, la physionomie intelligente et fine. Pasteurs de père en fils, ils vivent de leurs troupeaux et échangent leur beurre et leurs cuirs contre des légumes et des graines. Ils ne sont soumis aux aborigènes que dans l'Ouganda, où leur nombre est du reste fort restreint.

L'Ouganda, un des royaumes les plus fertiles et les

plus populeux de l'Afrique équatoriale, occupe un vaste territoire en forme de croissant, au nord du lac Victoria Nyanza. C'est là qu'habitent les Baganda. Stanley les appelle « un peuple extraordinaire », autant pour leurs aptitudes intellectuelles que pour leur forte organisation sociale.

Les Baganda sont d'habiles ouvriers. Leurs étoffes d'écorce d'arbre sont plus fines et leurs habitations mieux construites que celles des autres nègres. Leurs lances, leurs flèches, leurs boucliers sont aussi solides qu'élégants et ils manient leurs armes avec autant de force que d'aisance.

Dès 1868, à une époque où l'on achevait à peine la découverte des Grands Lacs, Mgr Lavigerie, prenant possession du siège épiscopal d'Alger, indiquait à la France sa tâche grandiose. « A l'ardente initiative, qui est le don de notre race et de notre foi, incombait le devoir de répandre les vraies lumières d'une civilisation dont l'Evangile est la source et la loi, de les porter au delà du désert jusqu'au centre du continent et de gagner à la vie chrétienne l'Afrique centrale. » Sa voix ne fut pas écoutée. Plus tard Mgr Lavigerie, au nom de tous ses missionnaires, sollicita de Pie IX la mission de pousser plus loin ses conquêtes. « *Duc in altum !* » lui répondit le Pontife mourant, et, quatre jours seulement après son élection, Léon XIII accordait à l'Archevêque d'Alger l'autorisation de subdéléguer aux RR. PP. Livinhac et Joachim Pascal ses pouvoirs de délégué apostolique sur les Missions équatoriales.

Le territoire à évangéliser formait l'immense rectangle compris entre le Bahr-el-Ghazal au Nord et le Zambèze au Sud, et entre deux lignes imaginaires longeant l'Océan Indien et l'Océan Atlantique à 400 kilomètres des côtes. Deux centres de Mission devaient être fondés, l'un auprès du Nyanza, l'autre auprès du Tanganika.

Quelques semaines plus tard, le 21 avril 1878, dix prêtres de la Société des Pères Blancs s'embarquaient à Marseille pour Zanzibar et Bagamoyo, d'où leur caravane devait s'enfoncer dans l'intérieur du continent. Arrivée à la colonie arabe de Tabora, aux deux tiers de la route, la caravane se scinda : quatre des missionnaires se dirigèrent vers le Tanganika et les cinq autres vers le Nyanza. Depuis leur départ de Marseille, le voyage devait durer dix mois pour les premiers, quinze pour les seconds.

Le Tanganika mesure environ 600 kilomètres de longueur sur 50 à 80 de large. La beauté de ses eaux, la facilité de la culture et de la pêche le long de ses rives accidentées et coupées de baies profondes, avaient attiré sur ses bords une population relativement dense, mais divisée en une infinité de petits royaumes. Sur la rive orientale s'élevait la petite ville d'Oujiji, dont les huttes carrées ou coniques des Noirs et les *tembé* arabes se dissimulaient dans la verdure d'énormes manguiers, à 200 mètres du rivage.

Les Arabes d'Oujiji étaient les descendants des Omanis de Mascate qui, en 1818, avaient fait la conquête de Zanzibar avec le sultan Saïd Seïd, grand-père de Saïd Bargache. Dès 1830, plusieurs d'entre eux, dans l'espoir de faire plus rapidement fortune, s'avancèrent progressivement dans l'intérieur du continent, à Oujiji et jusque dans l'Ouganda ; ils y formaient de petites colonies, sous la souveraineté, au moins nominale, du sultan de Zanzibar. La supériorité de leurs armes, de leur intelligence et de leur civilisation, leur donnait un grand prestige sur les Noirs, et partout ils jouissaient d'une situation politique prépondérante. Leurs *tembé* étaient des habitations spacieuses et confortables à toit plat, avec de fraîches vérandas. Leurs troupeaux, leurs jardins, leurs champs étaient les plus beaux du pays. Partout ils étaient les maîtres du commerce, et, sur leurs énormes canots, aux flancs rehaussés de larges planches de teck, ils sillonnaient le lac pour y troquer des étoffes ou autres objets d'échange contre de l'ivoire et des esclaves.

Grâce aux lettres de recommandation de Saïd Bargache, les premiers missionnaires furent reçus par les Musulmans avec courtoisie. On leur donna la hutte qui avait abrité Stanley. Le célèbre explorateur a vanté le savoir-vivre des Arabes de l'intérieur. « Ils ont certainement, dit-il, les vices de leur éducation, de leur nature et de leur race, mais l'excellence traditionnelle de leurs manières permet rarement à l'étranger de s'en apercevoir. » Pour découvrir ces vices, cachés sous des vertus de surface, les missionnaires n'eurent qu'à faire une promenade sur le marché aux esclaves et dans les environs d'Oujiji transformés déjà en vaste charnier.

La population noire de la petite ville était composée des indigènes et des serviteurs des Arabes. Ces derniers n'avaient adopté de l'Islam que des formules extérieures, mais à leurs maîtres ils avaient pris tous les vices. Dans ces conditions, Oujiji ne pouvait être pour les missionnaires qu'une procure, un centre de ravitaillement. Il fallait chercher un autre champ d'évangélisation.

On se dirigea donc vers le Nord, dans l'Ouroundi, dont plusieurs chefs témoignaient le désir de recevoir les Blancs, et le 30 juillet 1879, on s'établissait définitivement au milieu d'une population sympathique, chez le roi Roumoungué.

L'arrivée d'une nouvelle caravane permit au Père Delaunay et à ses deux confrères de s'établir dans le Massanzé, au village de Moulouéva. La première année fut employée à apprendre la langue des indigènes et à gagner leur confiance par le soin des malades. Ce ne fut pas du temps perdu. « Dès que nous commençâmes la prédication publique, écrit un missionnaire, nous eûmes à nos catéchismes 40 et bientôt 80 hommes. En peu de temps leur nombre monta à près de 500.

« Le matin, au son de la trompe et du tambour, les Noirs accourent à la prière qui se fait en commun. Le roi y assiste également, bien qu'il demeure à plus d'une demi-lieue de notre habitation ; il se fait accompagner de sa famille et d'une nombreuse escorte. Dans les villages voisins, on construit des hangars pour que les Pères y viennent faire le catéchisme, une ou deux fois la semaine. A Kissamba, le chef, qui est un frère du roi, prend la parole après l'instruction et répète de point en point tout ce qui a été dit par le Blanc, pour le mieux faire comprendre à l'auditoire. »

Pendant que la Mission du Messanzé se développait d'une manière si consolante, celle de l'Ouroundi était cruellement éprouvée par la jalousie des chefs qui se disputaient la présence des missionnaires. Aussi la station de l'Ouroundi fut-elle abandonnée, et les survivants se retirèrent à Moulouéva, où le nombre des catéchumènes allait toujours en augmentant. Les rois voisins envoyèrent aux missionnaires des députations et de riches présents pour les engager à se fixer sur leur territoire ; mais si la moisson était grande, les ouvriers étaient peu nombreux, et pour cause. A cette époque, en effet, on évaluait encore à six mois le temps nécessaire à une caravane pour se rendre de la côte de l'océan Indien au lac, et à 10.000 francs le prix du transport d'une tonne de marchandises, en tenant compte des pertes causées par le pillage, les désertions et les accidents de la route.

En 1883, les Missionnaires du Massanzé fondaient un orphelinat à Kibanga, à peu de distance de Moulouéva. Poré, le roi du pays, vint présider lui-même à l'installation et en fit tous les frais. « Je resterai auprès de vous, leur disait-il, tant que ma présence vous sera utile, » et il ne s'éloigna que lorsque les constructions furent achevées, laissant à ses sujets pleine liberté de se faire instruire.

Cet établissement réservait aux missionnaires d'heureuses surprises. Burton avait écrit que les nègres de l'Afrique équatoriale perdraient la tête plutôt que d'apprendre à lire et à écrire. Tout au contraire, les enfants apprenaient leur catéchisme avec facilité. Presque tous savaient lire et plusieurs écrivaient correctement en langue kisouahili. Ils faisaient non moins d'efforts pour se corriger de leurs défauts et réprimer leurs passions. Grande était l'impatience des catéchumènes de recevoir le baptême ; mais, d'après les instructions formelles de Mgr Lavigerie, on exigeait des futurs chrétiens quatre années de catéchuménat, et ce ne fut que dans la nuit de Noël 1883 qu'un certain nombre de Noirs furent baptisés. C'étaient les premiers-nés de l'Eglise équatoriale en Afrique.

Les Missionnaires étaient tout à l'espérance, mais à ces heureux débuts allaient succéder dix années d'épreuves.

Le monde civilisé avait résolu de s'opposer à la traite des noirs et avait organisé une grande croisade anti-esclavagiste. Or les fournisseurs des marchés d'esclaves étaient précisément les Arabes musulmans de Zanzibar ; ceux-ci, effrayés de la campagne généreuse de Mgr Lavigerie, non seulement cessèrent de protéger les Pères Blancs, mais au contraire leur devinrent hostiles et se mirent à persécuter leurs néophytes. En 1886, le capitaine Joubert arrive de Belgique au secours des missionnaires et des nouveaux catholiques. En 1892 et 1893, une lutte entre soldats belges et soldats arabes se poursuit avec des succès divers. Ce n'est qu'en 1894, après une série de combats meurtriers, que Roumaliza, chef des musulmans, est mis en fuite et le pays purgé des hordes esclavagistes.

Malgré son étendue de 200.000 kilomètres carrés, ce Vicariat n'a qu'une population assez restreinte, 3 millions d'habitants environ, et si les villages sur les rives du lac sont nombreux et considérables, au delà et sur les hauts plateaux, ils sont rares et minuscules. A côté de certaines tribus belliqueuses qui ont frayé avec les Arabes et en ont pris les vices, d'autres, trop longtemps pourchassées et traquées comme un vil gibier, vivent dans une grande misère, isolées et sauvages, sans énergie et sans solidarité.

Une population si disparate, si disséminée, offrait de sérieux obstacles à l'œuvre des missionnaires ; mais, depuis trois ans, ce peuple se refait et semble se rallier franchement à la cause de la civilisation chrétienne. Les écoles sont le principal facteur de ce beau mouvement. En 1897, elles comptaient à peine 200 enfants ; c'est alors que les premiers catéchistes indigènes débutent dans l'apostolat, et aussitôt le nombre des élèves monte à 972. En 1899, il s'approche de 1.700 et l'année suivante, près de 3.000 enfants fréquentent 46 écoles.

Pour ne pas se priver des bienfaits de l'instruction religieuse, des villages entiers consentent à se déplacer, et
le nombre des centres évangélisés par les missionnaires
s'élève aujourd'hui à plus de 200.

Depuis 1894, les Sœurs Blanches secondent les Pères
dans l'œuvre des écoles. Outre les asiles pour les enfants en bas-âge, elles ont des ouvroirs pour les jeunes
filles. Celles-ci, à cause de l'infériorité sociale de la
femme, ont moins de dispositions pour l'étude que les
garçons : on tâche d'en faire de bonnes ménagères et
des mères chrétiennes. Les plus instruites parmi elles
se marient ordinairement avec des catéchistes et se
rendent très utiles en instruisant les personnes de leur
sexe dans les villages évangélisés par leurs maris.
Il se fait ainsi un bien considérable et, par leur entre-
tien peu dispendieux, ces ménages sont de précieux
auxiliaires pour la Mission.

A Karéma, le petit séminaire, avec 50 élèves, fait
fonction de maîtrise et les cérémonies s'y exécutent
aussi bien que dans les églises d'Europe.

La transformation morale dans les villages chrétiens
n'est pas moins surprenante et l'on rencontre chez les
néophytes une élévation de pensée et une délicatesse de
sentiments autrefois inconnue chez les Noirs. Les ré-
cits de l'Ancien Testament sont le thème fréquent de
leurs conversations, et la beauté de leur àme, régé-
nérée par le baptême, resplendit même sur leur extérieur.
Un chrétien se reconnaît aussitôt à son air, à son
maintien. On dirait qu'il y a en lui une humanité supérieure à celle du païen.

Le progrès matériel n'a pas été négligé. Non contents
de prêcher par l'exemple autant que par la parole, les
vertus d'ordre, de justice, de travail et d'économie, les
missionnaires se sont occupés de culture et de l'organisation du travail. On a dit avec raison que « l'intro-
duction des espèces nourricières dans ces pays, est l'un
des plus grands bienfaits des Européens et que, dans la
balance générale, elle faisait plus que compenser la
vente de la poudre, des fusils et des liqueurs fortes ».
Au lieu d'armes et d'alcool, les missionnaires ont in-

troduit d'abord les cultures propres à améliorer la nourriture, aussi misérable que peu variée, des indigènes. Au sempiternel manioc qui épuise le sol, ils ont ajouté presque tous les légumes et toutes les céréales d'Europe ; ils ont acclimaté aussi beaucoup d'arbres fruitiers, inconnus autrefois dans le pays : papayers, palmiers, mandariniers, etc. Toujours dans le même but de moraliser les Noirs par le travail, ils ont importé les plantes arborescentes de grande culture, le caféier, le cotonnier, le vanillier. Des essais ont lieu en même temps pour apprendre aux indigènes le tissage et mettre à la portée de chaque famille des instruments de travail d'un maniement facile, quoique suffisamment perfectionnés pour donner de bons résultats. C'est à Mgr Le Chaptois, vicaire apostolique actuel, que sont dues ces heureuses et intelligentes initiatives.

Aujourd'hui le Vicariat de Tanganika compte 11 stations, 19 prêtres et 1.200 catholiques. De belles églises ont été construites de 30 à 50 mètres de longueur, crépies à la chaux et couvertes de tuiles. À côté des églises se groupe toute une série de bâtiments : résidences des Pères et des Sœurs, orphelinats, écoles des garçons et des filles, magasins et ateliers. Ces constructions, en même temps qu'elles fournissent aux indigènes un travail rémunérateur, contribuent grandement à diminuer la mortalité parmi les missionnaires.

A peine débarrassée des Arabes esclavagistes par la défaite de Roumaliza, la rive occidentale du lac commençait à jouir d'une paix relative, lorsqu'éclata la révolte des soldats congolais. Les insurgés, après avoir massacré leurs officiers belges, se ruaient sur les territoires que peu auparavant ils avaient délivrés eux-mêmes des chasseurs d'hommes. Pendant plusieurs années, jusqu'en 1899, la guerre et la famine amoncelèrent les ruines et les cadavres, et le peu de sécurité du pays obligea les missionnaires à surseoir aussi à son évangélisation. Depuis deux ans, le Haut-Congo est enfin pacifié, et son évêque actuel, Mgr Roelens, a su donner à toutes les œuvres de son Vicariat une vigoureuse impulsion. A la vérité, le mouvement des conversions a été lent et n'est pas encore général, mais il est sérieux et d'autant plus consolant que les indigènes offraient moins de prise à l'action des missionnaires. Continuellement harcelées et razziées par les hordes esclavagistes, les tribus du Haut-Congo étaient tombées dans une misère profonde et dans une sorte de marasme intellectuel et moral. Leur intelligence, peu développée, semblait fermée à tout ce qu'il y a de grand et de noble, et c'est à force de patience et de charité que les conversions s'opéraient lentement, une par une.

Aujourd'hui les choses ont changé. Les néophytes sont considérés ; beaucoup de païens, qui n'ont pas le courage de changer de vie, ne veulent cependant pas mourir sans recevoir le baptême. Partout les chefs et les populations demandent la présence des prêtres dans leurs villages.

Il y a dix ans, les empoisonnements, les sacrifices humains, les exécutions sous inculpation de sortilège, les guerres civiles, les razzias de femmes et d'esclaves étaient à l'ordre du jour ; le fort opprimait le faible et l'anarchie la plus complète régnait dans le pays. Aujourd'hui, partout où il y a des missionnaires la paix est parfaite et l'on voyage avec plus de sécurité que dans nos colonies du Nord. Les villages chrétiens, par l'observation stricte de la monogamie, regorgent d'enfants bien constitués, tandis que chez les païens trop souvent les enfants sont rares et malingres. Grâce à l'épreuve de quatre ans, imposée aux catéchumènes, les néophytes sont convaincus et sérieux et, par la pratique des vertus dignes de tout éloge. Leur foi est simple et vive ; la plupart s'approchent des sacrements tous les quinze jours et assistent à la messe chaque matin.

Les missionnaires ont mis une grande activité à améliorer la situation matérielle des habitants. Après avoir remédié à la profonde désorganisation de la famille en lui donnant une constitution chrétienne, ils n'ont rien négligé pour inculquer aux Noirs des habitudes sédentaires et pour réagir par la loi divine du travail contre leur nature sensuelle et indolente. L'habitude d'être razziés leur ayant fait abandonner presque tout travail, les Pères, pour leur créer des occupations, ont fondé des établissements professionnels et agricoles. Les élèves du petit séminaire apprirent à éditer eux-mêmes leurs livres classiques, premier travail de ce genre dans l'Afrique centrale. Aux ouvriers indigènes, qui déjà travaillaient le fer, on enseigna des méthodes moins primitives d'extraction et de traitement du minerai. On forma des maçons, des menuisiers, des forgerons, et aujourd'hui les artisans les plus habiles ont eux-mêmes de petits ateliers où, à leur tour, ils forment des apprentis. Tout ce monde a été utilement employé à la construction d'églises. Celle de Upala étonne les Européens par ses dimensions et la grâce de son architecture romane. Celle de Beaudoinville, plus grande encore et de style gothique, a occupé six ans plus de deux mille ouvriers.

L'agriculture, autrefois si négligée, est devenue, elle aussi, une occupation très en honneur. Pas un chrétien qui n'ait son lopin de terre parfaitement entretenu. De tels résultats n'auraient jamais été obtenus ni par l'exploitation intensive des riches planteurs, ni par le commerce en gros des grandes Compagnies. Déjà quelques néophytes, plus ardents au travail, sont devenus d'assez gros propriétaires, occupant un certain nombre d'ouvriers auxquels ils donnent une part de la récolte, et exportent leurs produits sur les deux rives du lac. Comme au Tanganika, les indigènes ont réussi, à force d'énergie, à dompter quelques zébus, et les charrues commencent à labourer le sol.

Quand tous les environs d'une Mission sont cultivés à plusieurs kilomètres à la ronde, les nouveaux ménages, ne trouvant plus de terrain à défricher, essaiment et fondent ailleurs un nouveau village. De larges routes, bordées d'arbres, relient entre eux tous les centres ; les marais sont assainis, des ponts sont jetés sur les rivières et de vastes égouts assurent l'hygiène publique. Tous les voyageurs qui ont passé par le Haut-

Congo ont été émerveillés des résultats acquis, en si peu d'années, par des hommes, par des prêtres, accablés déjà par des œuvres d'évangélisation.

En 1907, sur 300.000 habitants, le Vicariat du Haut-Congo comptait 1.400 catholiques, plus de 6.000 catéchumènes et 19 prêtres missionnaires.

L'Ouyanyembé est la route obligée de toutes les caravanes qui se rendent de la côte à l'intérieur. Aussi les Pères Blancs avaient-ils eu, dès le début, l'intention d'y fonder une série de stations intermédiaires qui serviraient de ravitaillement aux autres Missions. Mais l'anarchie dans laquelle était plongé ce malheureux pays en retarda longtemps l'exécution. Enfin le sultan Siké accorda au P. Guillet l'autorisation de se fixer à Tabora. Sa maison devait servir d'orphelinat pour les enfants rachetés. En 1883, l'arrivée d'une vingtaine d'enfants Baganda, arrachés à l'esclavage et à la persécution, fit monter le nombre des orphelins à 50. Pour plus de liberté, les Pères transportent leur établissement à Kipalpala, à une lieue de Tabora, et, profitant de l'accalmie dont jouissait provisoirement l'Ouyanyembé, décident de fonder dans le Boukouné une station intermédiaire entre Tabora et le Nyanza.

Malheureusement, l'état politique du pays n'était guère favorable au développement des œuvres, et la station de Kipalpala résistait péniblement aux tracasseries toujours croissantes du sultan de Tabora. De plus, les annexions européennes, qui se poursuivaient un peu partout en Afrique, exaspéraient les indigènes, comme le prouvaient de trop fréquents massacres.

Ce n'est qu'à partir de 1891, lorsque le lieutenant Prince se fut rendu suffisamment maître du pays par la défaite et la mort du sultan Siké, que la mission de l'Ouyanyembé entra dans une nouvelle phase et se développa normalement. Les fondations se succédèrent alors régulièrement.

Au mois de juin 1891, le roi Ndéga accueillit les Pères avec sympathie à Ouchirombo. Bientôt le roi avec toute sa cour se faisait instruire, et la plupart des catéchumènes appartenaient à la noblesse du pays. En 1894, toute la famille royale était chrétienne, sauf le malheureux roi que retenait la polygamie. Ce n'est qu'en 1896, sur son lit de mort, que Ndéga se fit baptiser. Son successeur, Robert Ier, était un néophyte d'une grande piété. Remplacé, rétabli, il administre encore sagement ses Etats. Des missions se fondèrent ensuite successivement à Msalala, Ndala dans l'Ouroundi et dans les plaines brûlées de l'Ouha.

En 1907 le Vicariat de l'Ouyanyembé comptait 19 prêtres et 2.600 catholiques sur une population de 3.000.000 d'habitants environ.

La Mission du Nyassa comprend le plateau de l'Oubemba, dont les habitants, guerriers redoutables, offrent le plus beau type de la race bantou. Leur roi, Kiti-Mhoulou, dont la capitale était très populeuse, jouissait d'un pouvoir absolu. Aucun blanc n'avait encore obtenu l'autorisation de se fixer dans ses Etats. Le P. Dupont fut assez hardi pour se présenter. Il soigne les malades et gagne toutes les sympathies des chefs de la nation. Aussi, à la mort de leur roi, le peuple et les grands veulent-ils le proclamer chef suprême de la nation. Bientôt 33 chefs se mettaient sous la protection du missionnaire et tous les villages voisins venaient se grouper autour de la capitale. Telle fut l'origine de la station de Notre-Dame de Kaïambi (26 octobre 1898).

L'attachement des indigènes pour leurs prêtres ne s'est pas démenti. Ceux-ci ayant transporté leur station sur une colline plus saine, toute la population les y suivit et voulut contribuer pour sa part à la construction de l'église, joli bâtiment en briques couvert d'ardoise. Malheureusement, l'esprit de ces pauvres Noirs est si profondément imbu des superstitions les plus grossières, que les missionnaires sont obligés de se montrer très exigeants pour les admissions au baptême. En 1907, le Vicariat du Nyassa comptait 16 prêtres, 1.100 catholiques et plusieurs milliers de catéchumènes.

Après une première apparition dans l'Ouganda, en 1879, où le roi Mtéça les avait d'abord accueillis avec bienveillance, les Pères Blancs, ennuyés des tergiversations du monarque, s'éloignèrent de ce pays, le 20 novembre 1882.

Après la mort de Mtéça, Mouanga, le plus jeune de ses 40 fils, avait été choisi pour lui succéder. Le jeune prince s'était toujours montré très favorable aux Pères. Bien qu'il ne fût pas encore chrétien, il refusa aux sorciers les cadeaux d'usage, s'entoura de néophytes et aimait à redire que c'était aux prières des chrétiens qu'il devait d'être sur le trône. Aussi envoya-t-il son amiral, un excellent catholique, chercher les Pères Blancs pour les établir dans l'Ouganda, et bientôt il y eut dans ce royaume des villages où le chef était chrétien, et où se comptaient soixante, cent adorateurs du vrai Dieu. Pendant quelques mois, on crut apercevoir la possibilité du royaume chrétien rêvé par Mgr Lavigerie. Cette espérance fut de courte durée.

Comme son père Mtéça, Mouanga vivait dans l'inquiétude continuelle d'une intervention européenne. Il s'effrayait de la popularité des missionnaires et s'irritait de la piété exemplaire de ses pages. Au commencement d'octobre, il apprit les annexions anglaises et allemandes de la côte Orientale, et l'arrivée, dans ses Etats, de l'évêque anglican Hannington, avec une escorte armée. Exaspéré, il ordonne aussitôt le massacre de l'évêque anglais et de deux ministres, puis il se tourne contre ses sujets catholiques.

La première victime fut le chef des pages et le conseiller du roi. Il passe ensuite la revue de ses pages : « Que ceux qui ne prient pas avec les Blancs, dit-il, passent de ce côté ». Trois pages seulement lui obéirent, ils étaient païens.

« Je vais vous faire mourir, dit-il aux autres.

— Maître, nous sommes prêts. »

Déconcerté, le monarque remit l'exécution à plus tard.

Le 26 mai 1886, on conduisit les jeunes pages, au nombre d'une trentaine, sur une colline où étaient amassés des roseaux secs. Les bourreaux en enveloppèrent les victimes, et placèrent les uns à côté des autres ces fagots vivants. On y mit le feu du côté des pieds dans l'espoir qu'aux premières atteintes de la flamme les enfants demanderaient grâce. Il n'en fut rien, et leurs voix s'éteignirent dans de pieux cantiques. « Si les honneurs des saints leur sont un jour décernés, s'écriait Mgr Lavigerie, nous pourrons nommer les martyrs de l'Ouganda la *masse noire*, pour répondre à la dénomination touchante de *masse blanche* décernée aux martyrs d'Utique, ensevelis dans la chaux, au temps de saint Cyprien. »

Le lendemain de cette exécution, c'était André Kagoua, un des grands du pays et jusqu'alors l'ami intime du roi, qui était livré au bourreau pour avoir converti au christianisme les deux fils du premier ministre. Du reste, tous les chrétiens de la cour étaient condamnés, et l'heure du supplice ne dépendant que du caprice de Mouanga, les exécutions se succédaient rapidement.

A partir du mois d'avril, la persécution devint générale ; voici à quelle occasion.

Mouanga venait d'apprendre l'arrivée, au lac Albert, de Stanley et d'Emin Pacha. Ne pouvant croire qu'après le meurtre d'Hannington, cette expédition eût un caractère pacifique, il tremblait, se laissait aller à toutes les terreurs et la peur le rendit cruel. Un jour, il voulut jeter tous les chrétiens de son royaume aux crocodiles d'un vaste étang ; un autre jour, il songea à les jeter dans une île déserte où ils périraient de faim. Enfin il fut détrôné par les musulmans.

Après de longues querelles entre les protestants, les Noirs, les Arabes et les Catholiques, une convention fut enfin passée entre l'Angleterre et le roi de l'Ouganda. Celui-ci reconnaissait le protectorat britannique. Cette convention procura enfin à la Mission la tolérance et la paix dont elle avait besoin.

Par décret pontifical du 13 juillet 1894, le Nyanza était divisé en trois Vicariats apostoliques : celui du Haut-Nil, cédé à la Congrégation de Mill-Hill, du

cardinal Vaughan ; celui du Nyanza méridional compre-
nant la moitié Sud du lac et celui Nyanza septentrional
restreint désormais à la rive Nord-Ouest restaient à la
Société des Pères Blancs.

On peut dire que la jeune église de l'Ouganda ou de
Nyanza septentrional, née dans le sang des martyrs,
aguerrie par vingt années de persécutions sanglantes
ou sournoises, est douée d'une vitalité extraordinaire.
Le mouvement des conversions est toujours allé en
s'accélérant. En janvier 1891, la Mission ne comptait
que 4.000 chrétiens. Aujourd'hui les registres accusent
le chiffre de 100.000. Dans dix ans, le nombre sera
doublé, car toute liberté est laissée aux indigènes par
les autorités anglaises pour embrasser la vraie religion.
Les Baganda en particulier se montrent véritablement
avides de connaître l'Evangile. Grâce à l'esprit de disci-
pline qui règne chez eux, étude, prière, travail tout se
fait avec tant d'ordre et de ferveur que c'est un sujet
d'édification même pour les missionnaires.

Dans le Nyanza méridional, les races diverses
semblent moins disposés par leur vie et leurs usages à
se soumettre à la vraie foi, aussi n'y compte-t-on que
6.000 néophytes. En 1895, Mgr Hanlon, des Missions
Etrangères anglaises de Mill-Hill, s'embarquait pour
le continent noir. Il était accompagné seulement de
quatre prêtres, dont deux ne devaient pas tarder à
succomber. Aujourd'hui, les prêtres formés à Mill-Hill
sont plus de trente dans l'Ouganda et l'Ousoga, et les
fidèles évangélisés par eux s'élèvent au nombre de 3.530.

La mentalité religieuse des nouveaux chrétiens de
l'Afrique équatoriale est souvent très élevée. Il n'est
pas rare de trouver chez eux des âmes vraiment contem-
platives, dont la délicatesse des sentiments et le degré de
perfection chrétienne édifient le missionnaire et lui font
oublier ses peines.

CHAPITRE VI

Les Missionnaires du Congo belge et des colonies allemandes.

Après la reconnaissance à Berlin, en 1885, de l'Etat indépendant du Congo, le roi de Belgique Léopold II s'adressa à diverses congrégations de missionnaires afin d'obtenir leur concours pour l'évangélisation des Noirs.

Les Pères de Scheut partirent les premiers. Ils ont conservé le Vicariat du Congo belge et la Préfecture apostolique de Haut-Kassaï.

Les Pères Trappistes s'établirent en 1893 dans le même Vicariat.

Les Prêtres du Sacré-Cœur de Saint-Quentin se rendirent au Congo en 1897, et administrent, à l'heure actuelle, la Préfecture apostolique de Stanley Falls.

Les Jésuites arrivèrent en 1893 et ils dirigent maintenant la Préfecture apostolique de Kwango.

Les Prémontrés, ont depuis 1898, la Préfecture apostolique de Uellé.

Enfin, les Rédemptoristes s'établirent en 1899 au Congo comme auxiliaires des Prêtres de Scheut.

A quelque ordre, à quelque congrégation qu'ils appartiennent, tous ces missionnaires n'ont qu'un même désir : faire connaître et aimer Dieu aux Noirs ignorants et grossiers. Ils veulent restaurer chez les pauvres indigènes, avant d'y faire régner la grâce, la nature humaine si profondément déchue et faire de ces nègres paresseux et vicieux, non seulement des baptisés, mais encore des hommes actifs et industrieux.

Pour atteindre ce but, inutile de songer aux adultes, déjà encroûtés dans la paresse et dans les tristes misères qu'elle engendre. Ils paraissent en général incapables d'apprendre, et encore plus de retenir les notions les plus élémentaires. Une vieille sauvagesse était toute fière d'avoir su apprendre le signe de la croix... en quatre mois. Encore ne réussissait-elle pas chaque fois à le tracer correctement.

A quoi se réduit donc l'action du missionnaire sur les adultes ? A tâcher d'attirer les indigènes aux prières et aux catéchismes publics pour leur faire saisir peu à peu ce qu'est Dieu et la religion. On peut ainsi, lorsqu'un nègre est malade, lui rappeler brièvement les grandes vérités déjà souvent entendues. Une bonne mémoire n'est pas nécessaire alors. Quelques courtes questions et, si le moribond est bien disposé, selon une pittoresque expression, on en fait « un voleur de paradis ». Dans une foule de postes aujourd'hui, quand un païen est gravement malade, les autres païens accourent chercher le missionnaire ou à son défaut le catéchiste. Jadis, on n'appelait que le sorcier !

Satisfaits, faute de mieux, de ces maigres résultats en ce qui concerne les adultes, les Pères ont porté leur principal effort sur l'éducation de la jeunesse nègre. Ils tâchent d'inculquer aux petits sauvages des principes religieux, le goût du travail ; de leur montrer, par les expériences qu'ils leur font faire, le bien-être qu'on peut se donner moyennant un peu de peine.

Les parents confient assez volontiers leurs enfants aux « Blancs de Dieu », surtout quand ceux-ci, pour arranger les choses, offrent quelques cadeaux : couteaux, canifs, etc.

Tout est profit, pensent les Noirs : bouches de moins à nourrir et cadeau bien gagné.

A la colonie, les jeunes gens apprennent le catéchisme, la lecture, l'écriture, le calcul et divers métiers, suivant les capacités dont ils font preuve.

Des plus intelligents ont fait des catéchistes agronomes qui sont placés à la tête des postes secondaires. Ces postes donnent à la mission du Congo, et l'on peut dire à toutes les missions auprès des nègres de l'Afrique, leur physionomie propre.

Disséminés dans les vilages indigènes, ils sont comme des jalons dans la zone où les missionnaires étendent peu à peu leur influence.

Ils sont visités fréquemment par un prêtre, qui donne aux jeunes colons conseils, encouragements ou réprimandes, et, en restant quelques jours au milieu d'eux, renouvelle leur piété et leurs bonnes dispositions.

A côté des Pères, éducateurs des jeunes gens, se trouvent les dévouées Sœurs de Notre-Dame. Elles élèvent et instruisent les filles, de manière à en faire un jour des épouses et des mères chrétiennes. Le comte d'Ursel a fait, en ces quelques lignes, un magnifique éloge de leur œuvre : « La patience des Sœurs arrive à faire de ces sauvages des enfants soumis, instruits, et, chose non moins étonnante... propres ! J'ai vu leurs classes irréprochables, classes de lecture, d'écriture, de calcul, classes d'ouvrage, où sont confectionnés à la machine les robes des enfants, des vêtements de femmes, et même d'irréprochables costumes pour les agents blancs. »

L'action, d'un côté sur les jeunes gens, de l'autre sur les jeunes filles, prépare une génération chrétienne en bonne voie de civilisation.

Trop peu nombreux pour propager rapidement la foi dans cette immense contrée qui leur a été confiée, les missionnaires du Congo ont senti le besoin de multiplier leur action. Pour y arriver ils ont imaginé le système des fermes-chapelles.

Qu'est-ce donc qu'une ferme-chapelle ?

De temps à autre d'un poste principal une caravane s'ébranle. Le missionnaire part pour aller fonder de nouveaux postes. Chargés d'outils et de provisions, quelques jeunes gens l'accompagnent, jasant et discutant tout le long du chemin. Après un jour, deux jours de marche, on arrive dans un village indigène. Les bourgades congolaises ne sont jamais très peuplées : cent à trois cents habitants logés dans des huttes cachées sous les grands arbres.

Dans le terrain concédé par le chef, on plante la

croix, puis à la besogne ! Alors l'on commence à défricher. Quelques jours de peine et le terrain est prêt, les semailles sont faites, on bâtit une chapelle en pisé, de grands dortoirs, une étable, puis le Père donne ses derniers conseils au catéchiste, recommande à tous le travail, la piété, la docilité, et s'apprête à rentrer à la colonie mère.

Désormais, c'est de l'activité et de l'intelligence du catéchiste que l'avenir du poste va dépendre. Dans quelque temps, les colons recevront quelques poules, des chèvres, des porcs : premiers éléments du futur troupeau. Pour les habitants des fermes-chapelles, les premiers temps sont les plus durs. Il faut travailler et attendre longtemps les fruits de ses labeurs. Quand bananiers, riz, manioc, patates sont en rapport ; quand poules, chèvres et porcs se sont multipliés, le petit poste arrive ordinairement à se suffire. Bientôt la production dépasse les besoins. Dès lors, on vend les produits du sol aux indigènes ou aux agents de l'Etat, et les colons partagent entre eux les bénéfices.

Présidée par le catéchiste, la ferme-école a son ordre du jour bien déterminé. Après le lever, on se rend à la chapelle pour y réciter la prière. Puis, aux heures fixées par le règlement, classe, travaux des champs, catéchisme, repas. Le soir, on se réunit encore pour clôturer la journée par la prière et le chant du *Laudate*.

C'est le catéchiste qui préside à tout ; il fait la distribution des vivres, fait la classe, récite les prières, dirige les travaux, partage les bénéfices.

Quand la petite colonie compte des fillettes, c'est la femme du catéchiste qui en a soin. Elle les instruit, les élève, fait en petit et de son mieux ce que les Sœurs de Notre-Dame accomplissent en grand dans les postes les plus importants.

Quand dans une ferme-chapelle, un jeune homme se marie, il est libre de s'établir au village indigène. S'il le préfère, il peut continuer à faire partie de la communauté. Dans ce cas, il doit bâtir sa hutte dans un alignement déterminé. Le grand nombre choisit cette seconde alternative. Il se forme ainsi un village chrétien à côté du village idolâtre.

Voici quelle est à l'heure actuelle la quantité des catholiques dans chaque Vicariat ou Préfecture du Congo belge.

Dans le Vicariat du Congo belge proprement dit, il y a 4.566 catholiques et 32 prêtres ; dans la préfecture du Haut-Kassai, 4.571 catholiques et 24 prêtres ; dans celle de Kwango, 3.000 catholiques et 15 prêtres ; dans celle de Uellé, 600 catholiques et 8 prêtres.

Les Missions africaines allemandes sont de plus en plus confiées à des prêtres de nationalité allemande. Ainsi Togo est évangélisé par des prêtres du Verbe Divin de Steyl ; le Cameroun par des prêtres de race germanique résidant à Rome et appelés Pallotini ou Prêtres de la Pieuse Société des Missions ; l'Est allemand, nous l'avons vu, est évangélisé par les Bénédictins de Sainte-Odile de Bavière qui dirigent tout le Vicariat du Zanguebar méridional.

Togo est une des plus petites colonies allemandes avec son millier et demi d'habitants. Cette région située sur la côte du Golfe de Guinée se développe assez rapidement avec ses 61 écoles et leurs 2.416 élèves. Les Pères se proposent de gagner surtout la jeunesse, d'ébranler la superstition, de faire disparaître peu à peu la polygamie et l'immoralité, et cela par l'éducation chrétienne et le mariage chrétien.

Du Cameroun un missionnaire écrivait à la fin du siècle dernier : « c'est seulement en nous occupant de la jeunesse que nous trouverons accès dans le cœur de ce peuple ; c'est par là que nous pourrons parvenir à le civiliser, à le christianiser ; car les adultes adonnés aux vices les plus abjects, et pour ainsi dire abrutis, sont trop attachés à leur sauvagerie pour qu'il y ait quelque espoir de leur faire embrasser une vie entièrement chrétienne. »

Au Togo, il y a 20 prêtres et 2.687 baptisés ; dans le Cameroun, 16 prêtres et 4.489 catholiques ; dans le Zanguebar méridional, 14 prêtres et 3.967 catholiques.

CHAPITRE VII

Les Missionnaires de l'Afrique orientale.

Les missions de la côte orientale d'Afrique comprennent plusieurs groupes bien distincts : au Sud, les missions du Zambèze, confiées aux Jésuites ; en remontant vers le Nord, on rencontre le Zanguebar dont nous avons déjà parlé ; le pays des Somasis, remis aux Trinitaires déchaussés italiens ; le pays des Galla évangélisé par les capucins français et le Soudan, immense vicariat confié aux prêtres du séminaire africain de Vérone.

C'est en 1879 qu'un décret de la Propagande, en érigeant la Préfecture apostolique du Zambèze, rouvrit aux Pères de la Compagnie de Jésus leurs missions de l'Afrique orientale. Sur les bords du fleuve du Zambèze, régnaient plusieurs roitelets cafres, les uns complètement indépendants, les autres sous la protection de l'Angleterre ou du Portugal.

Le roi des Matabélés, Lo Bengula, reçut fort bien les premiers missionnaires, et leur permit de s'établir sur son territoire. Ils se fixèrent à Gubulawayo qui devint ainsi la station centrale de la mission du Zambèze. Les débuts furent lents et pénibles, et les Pères consumèrent huit longues années à attendre, huit années marquées par les actes les plus héroïques de sacrifice, de patience et de zèle. Beaucoup y périrent, parfois de misère. Enfin, en 1887, ils obtinrent des roitelets la liberté de l'apostolat. Mais les fièvres dévorèrent rapidement bon nombre de missionnaires ; les endroits désignés pour les stations furent modifiés à cause de leur insalubrité. Enfin, en 1890, on n'avait réussi à grouperqu'un petit nombre de catéchumènes. En 1900, les catholiques étaient 1.200 et 2.000 en 1907.

La Préfecture de la Somalie italienne, érigée en 1904, a été donnée aux Trinitaires déchaussés d'origine italienne, dont la maison généralice est à Saint-Chrysogone. C'est une mission ingrate. Rien à faire au milieu des hordes musulmanes, et les nègres, qui ont vécu longtemps dans le voisinage de l'islamisme, n'ont guère plus de dispositions à se convertir que les musulmans. Cependant l'on peut dire que ce territoire des Somalis, encore inexploré, il y a trente ans, s'entr'ouvre à la civilisation et au christianisme.

Près des Somalis, se trouvent les Galla, placés aujourd'hui sous l'autorité de Ménélik, empereur d'Ethiopie.

Le Galla, qu'on a qualifié « le plus beau noir du monde », a l'œil vif et droit et les traits assez purs. Il n'est pas invariablement noir d'ébène ; le teint clair est commun, surtout parmi les tribus occidentales. Le Galla apprend vite, et les Européens qui l'ont à leur service le trouvent plus doux, plus souple que ses voisins, plus ouvert à l'apprentissage de nos travaux. Il n'a point d'esclaves, et éprouve une invincible répulsion pour l'Arabe esclavagiste. A part les tribus dégénérées du Harar, il ne commet pas dans la guerre les atrocités et les honteuses mutilations de ses voisins. La femme galla n'est ni clôturée comme la femme turque, ni avilie comme la femme nègre.

Les Galla professent le monothéisme. Ils n'admettent aucune représentation anthropomorphique de la divinité, et ils n'ont d'autre temple que la nature et la voûte des cieux. Leur culte consiste en de fréquentes prières publiques et en sacrifices offerts sous l'ombrage des grands arbres.

Les grandes personnes, sans égaler la corruption de l'Islamisme, ont trop souvent des mœurs relâchées. En revanche, la jeunesse offre de sérieuses garanties de moralité ; une fois baptisés, les jeunes gens entrent de plain-pied dans l'observance des devoirs chrétiens.

La Mission des Galla doit sa naissance à l'illustre explorateur français Antoine d'Abbadie. D'une réelle piété, d'une vertu à toute épreuve, il fut bien accueilli partout et partout fit une vive impression. En 1846, il adressa à la Propagande un rapport sur l'évangélisation des Galla et Grégoire XVI nomma vicaire apostolique de la nouvelle mission le R. P. Guillaume Massaïa, capucin.

Ce ne fut qu'en 1853 que ce grand missionnaire put atteindre les peuples qu'il avait reçu l'ordre d'évangéliser. A la nouvelle de son arrivée, rois et chefs se portent au-devant de lui et le roi de Goudrou lui donne une jolie terre où la croix était plantée. L'apôtre était au comble du bonheur. Dorénavant, les Galla lui resteront fidèles. Après vingt et trente ans d'apostolat, leurs apôtres ne seront point expulsés ; ils dormiront leur dernier sommeil auprès de leurs ouailles et celles-ci environneront comme d'une auréole leur mémoire bénie. Mais au prix de quelles épreuves Mgr Massaïa acheta ces conversions durables ! L'usurpateur du trône d'Abyssinie, Théodoros, à l'instigation des Musulmans, le fit arrêter. Aussitôt dépouillé, la jambe rivée à la chaîne de fer que tient un soldat, bafoué par une troupe furieuse, jeté dans une cabane ouverte à tous les vents, il est enfin délivré par un caprice de Théodoros.

En 1900, l'évêque des Galla, mandé en Abyssinie par l'empereur, laissait derrière lui 10.000 chrétiens. Des centaines d'esclaves avaient été rachetés aux Musulmans.

Des guerres, des rivalités de sectes ont entravé, ces dernières années, l'œuvre de l'apostolat chez les Galla. A l'heure actuelle on n'y compte plus que 5.300 catholiques avec 13 prêtres et 7 églises.

C'est au mois d'avril 1846 que Grégoire XVI, deux mois avant sa mort, signa le décret qui érigeait le Vicariat apostolique de l'Afrique centrale. Ce Vicariat comprenait alors le Soudan et le Sahara réunis, embrassant tout le centre de l'Afrique, d'un Océan à l'autre, un monde : 60 degrés de longitude sur une profondeur moyenne de 20 degrés de latitude. En 1868, le Sahara fut détaché de cet immense vicariat et remis aux Pères Blancs. Tel quel, le Soudan a pour limites : au nord, la Tripolitaine et l'Egypte ; à l'Est, la mer Rouge, l'Abyssinie et le pays de Galla ; au Sud, les Vicariats du Nyanza et du Congo belge ; à l'Ouest ceux du Congo français et du Sahara. La superficie totale dépasse encore celle de l'Europe entière. De grands Etats musulmans, le Kordofan, le Darfour, le Bornou, des tribus nomades d'Arabes pillards, des peuplades nègres livrées au plus hideux fétichisme et quelques-unes à l'anthropophagie, peuplent le reste du pays. Depuis la ruine de la mission par les bandes du Mahdi, le catholicisme n'est plus guère représenté que par quelques fidèles, réfugiés à Souakim et une centaine d'enfants noirs, élevés dans les instituts du Caire, en sorte que le Vicariat du Soudan est tout à la fois le plus vaste, le plus peuplé et l'un des plus pauvres et des plus désolés du monde catholique.

Depuis 1872, ce Vicariat est confié aux prêtres du séminaire africain de Vérone pour les missions des Noirs. Il compte aujourd'hui 5.400 catholiques, 21 prêtres missionnaires, 7 prêtres réguliers et 5 stations principales.

La conversion des Noirs vient d'être entreprise avec le plus généreux élan par les membres les plus zélés d'un grand nombre d'instituts religieux. Rien ne les a rebutés, ni l'immoralité, ni la sauvage stupidité, ni la férocité même des peuples à évangéliser. Ils sont partis connaissant imparfaitement la contrée où ils allaient s'établir, connaissant encore moins son climat meurtrier et les précautions qu'ils auraient dû prendre pour lui résister. Trop souvent ils ont payé de leur vie leur courageuse initiative. Mais ils ont semé ; d'autres les ont suivis, les suivent chaque jour qui récolteront le fruit de leurs travaux. Tout s'organise peu à peu ; le pays est étudié et connu ; on sait où aller d'abord, comment travailler, comment fonder, entretenir et développer de nouveaux postes.

Après une première expérience, les missionnaires ont vu sur place que les nègres devenus musulmans ou depuis longtemps ayant conservé les mœurs et les coutumes musulmanes, sont les plus inaccessibles à l'Evangile. Mieux vaut s'adresser aux fétichistes, aux païens et même aux anthropophages. Encore parmi ceux-là les adultes, vicieux et abruptis, donnent-ils peu d'espoir si ce n'est à l'heure de la mort.

Le mode d'apostolat employé avec fruit et avec espoir d'un bien durable, c'est celui des enfants. Ces pauvres petits, qu'ils soient donnés par leurs parents, rachetés aux esclavagistes, ou arrachés à des anthropophages, sont recueillis dans des écoles où l'on apprend le catéchisme et le travail manuel. On agit de même envers les petites filles. Arrivés à l'âge de puberté ces enfants chrétiens fondent une famille chrétienne. Alors autant que possible on groupera ces familles chrétiennes, de manière à former un village chrétien. Partout ce mode d'apostolat a réussi. Tous les missionnaires l'ont employé avec les mêmes heureux résultats et les mêmes consolations et jusqu'à présent ils n'en ont qu'exceptionnellement essayé d'autres. Aussi comprendra-t-on que le nombre des néophytes progresse lentement. Mais la méthode paraît efficace, et les petits villages nègres chrétiens augmentent-ils d'année en année. Voici d'ailleurs les chiffres des catholiques dans les différents Vicariats et préfectures apostoliques, non compris les Etats barbaresques, l'Egypte, l'Abyssinie, la colonie du Cap et l'Afrique insulaire.

État de l'Église catholique sur le Continent noir en 1907

MISSIONNAIRES	VICARIATS ET PRÉFECTURES APOSTOLIQUES	CATHOLIQUES	PRÊTRES	Églises ou Chapelles
Pères du Saint-Esprit.............	Sénégambie et Sénégal, *vic*................	16.600	48	18
	Sierra-Leone, *vic*........................	2.500	9	4
	Guinée française, *p. a*...................	1.350	7	8
	Niger inférieur ou Bas-Niger. *p. a*........	2.000	10	5
	Gabon, *vic*.............................	13.000	35	18
	Congo français inférieur ou Bas-Congo, *vic*.	8.000	23	8
	Congo français supérieur ou Oubanghi, *vic*.	900	14	7
	Congo inférieur portugais, *p. a*...........	4.800	26	12
	Counène (mission)......................	5.000	10	7
	Lounda (mission).......................	7.000	18	12
	Cimbébasie supérieure, *p. a*..............	10.400	38	12
	Zanguebar septentrional, *vic*.............	4.500	40	15
	Zanguebar central, *vic*..................	1.000	12	6
Pères des Missions africaines de Lyon......................	Liberia, *p. a*............................	150	6	2
	Côte d'Ivoire, *p. a*......................	423	17	6
	Côte d'Or, *vic*..........................	6.500	18	9
	Dahomey, *vic*..........................	8.500	28	15
	Benin, *vic*.............................	6.000	24	10
	Niger supérieur, *p. a*....................	2.000	15	9
Pères blancs....................	Sahara, *vic*............................	2.400	25	6
	Congo supérieur ou Haut-Congo, *vic*......	4.566	22	27
	Ouyanyembé, *vic*.......................	3.729	37	32
	Victoria Nyanza septentrional, *vic*........	100.000	39	25
	Victoria Nyanza méridional, *vic*...........	5.197	35	21
	Tanganika, *vic*.........................	3.800	26	4
	Nyassa, *vic*............................	1.100	5	2

Missionnaires de Scheut	Congo belge ou indépendant, *vic*	4.566	32	22
	Kassaï supérieur ou Haut-Kassaï, *p. a*	4.571	24	17
Jésuites	Kwango, *p. a*	3.000	15	15
	Zambèze, *p. a*	2.000	25	11
Missionnaires de Steyl	Togo, *p. a*	2.637	27	12
Pères Pallottini	Cameroun, *vic*	4.489	16	7
Prémontrés	Uellé, *p. a*	600	8	2
Missionnaires de Vérone	Soudan, *vic*	5.400	28	5
Bénédictins de Ste-Odile, Bavière	Zanguebar méridional, *vic*	3.697	14	14
Oblats de Saint-François de Sales, Troyes	Fleuve-Orange, *vic*	500	10	5
Oblats de Marie Immaculée	Natal, *vic*	13.000	48	45
	Orange, *vic*	5.700	26	11
	Transvaal, *vic*	6.800	17	13
	Basoutoland, *p. a*	8.000	10	13
	Cimbébasie inférieure *p. a*	500	10	10
Missionnaires de Mill-Hill	Nil supérieur ou Ouganda, *vic*	3.530	30	11
Pères de la Compagnie de Marie	Shiré, *p. a*	310	12	6
Prêtres du Sacré-Cœur, St-Quentin	Stanley Falls, *p. a*	2.000	15	12
Trinitaires déchaussés	Benadir, *p. a*	100	7	2
Capucins	Galla, *vic*	5.300	13	7
	Total	302.561	974	530

TABLE DES MATIÈRES